# 入門 臨床教育学

課題を抱える子ども・親・教師への支援

佐々木正昭 編著

学事出版

# 入門 臨床教育学 | はじめに

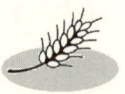

　現在、学校では、いじめ、不登校、校内暴力、学級崩壊、発達障害の児童生徒への支援など、難問が山積している。また、これまででは考えられないような要求や批判をしてくる親も増えている。そして、なによりも、このような問題を抱える子どもや親への対応から、多くの教師が疲労困憊し、精神的に追い込まれている現実がある。

　臨床教育学は、このように多くの問題を抱えている子ども、親、教師の支援を目的としている。臨床教育学は学問であるから、理論的でなければならないが、その理論は理想を説くだけではなく、厳しい現実を踏まえて、より広い視野や異なる視点から課題を捉え直すことができるものであるとともに、その理論を具体的な支援や実践に転化できるものでなければならないし、方法においても、問題を抱える子ども、親、教師を実際に支援することのできる性格のものでなければならない。

　本書には、いじめ問題、不登校（傾向）児童生徒、特別に支援を要する児童生徒、「非行少年」、「問題生徒」、教師の燃え尽き（バーンアウト）、体罰（お仕置き）、親子関係などについて、教師、専門機関のカウンセラー、研究者の立場にある者が、それぞれの立場で、直面した課題に誠実に向き合い、児童生徒、教師、親にポジティブに生を歩んでいってほしいというメッセージを込めて、一所懸命に支援した実践とその考察を掲載している。本書が上述の臨床教育学の要件を十分に満たしているとは言えないが、本書を通して、現在、教育界、特に学校において、どのようなことが差し迫った課題（問題）になっているのか、そして、その課題への対応はどうあるべきなのか、についての理解や解決への示唆を得ることができよう。

　課題が深刻な場合は、当面の対応策を取らなければならないことは当然

## ★ 課題を抱える子ども・親・教師への支援

であるが、大切なことは、課題が発生することを予防する、長期的で広い視野に立った理論と方法である。危機的状況は、一気に起こるのではなく、必ず予兆があるはずであるし、危機の時こそ日常の取り組みや人間関係が「ものをいう」のであり、日頃から最悪の状況を想定して危機に備えておくことこそ、危機管理の基本であるからである。

課題が深刻であればあるほど、その解決は難しいことが多いが、それほどまでに深刻な状態を招くには大きなエネルギーが働いているはずであるから、この大きなエネルギーを正の方向に向けることができれば、このエネルギーは、子どもの成長や人間関係の形成に大きな力となって働くはずである。この意味において、深刻な事態を招いている負のエネルギーの正のエネルギーへの向け替えの技術の追究こそが、臨床教育学の最大の課題であると言えよう。

ピンチはチャンスであり、深刻なときこそ、深刻になりすぎずに冷静に手の打ち方を考え、やがては「ともに笑い合う関係」（A.Sニイルの言葉）や「喜びを与え合う関係」（元神戸市立小学校教諭鹿島和夫氏の言葉）をつくりあげたいものである。

現在の日本は、日本史上はもちろん、世界史上から見ても、最も豊かで便利で、住みやすい社会をつくりあげている。これはけっして誇張ではない。日本は、多少かげりが見えるとはいえ、経済的には、今なお大国と言えるであろうし、文化的には、多彩な伝統文化とともに、輸入された西洋文化（芸術）の面でも、国際的に活躍する人々が数多くいて、まことに豊かな文化が花開いている。また、諸外国に比べ、治安もよく、犯罪も少ない。礼儀作法や道徳心が低くなっているとはいえ、今なお多くの人々は、礼儀正しく、他人を思いやる心もあり、落とした財布もかなり高い確率で

入門 臨床教育学 | はじめに

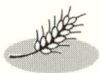

　返ってくる。勤勉さ、進取の気質、我慢づよさも、まだ健在である。このような国民性は、歴史的、地理的、文化的、宗教的に形成されてきたものだが、このような美質を守り育ててきた学校教育の力も大きい。なによりも明治時代初期に、全国津々浦々、小学校を建設し、どんな僻地においても質の高い教育を一律に保障したことは、高く評価されなければならない。明治時代以来、学校は地域の文化的、行政的中心であり、なによりも地域の人々と卒業生の精神的拠り所であった。

　そして、これが日本という国家の礎となってきたのである。そして、この質の高い学校教育は、地域の人々の期待と支援を受けた、多くの先生方の献身的な教育の営みに負っているのであり、現在の日本の繁栄は、このような先人の無私の志の上に立っているのである。時代とともに教育も変化しなければならないが、先人から受け継いだ日本人の美徳を培ってきた遺産は、大切にしなければならない。

　昨今、とかく批判されることの多い学校と教師であるが、多くの学校と先生方は、誠実に子どもによりそい、様々な課題と取り組んでいる。豊かで住みやすく、品位のある社会をつくりあげたことへの自信、その基礎となった学校教育への誇りを失うことなく、同時にまた、傲ることなく、みんなで前を向いて歩きたいものである。

　本書が、これから教師を目指す学生諸君、現在教職にあって厳しい現実を前に格闘している先生方やカウンセラーの方々などに、何らかの参考になり、元気を得てもらえるきっかけになれば、編者としてはこれにまさる幸せはない。

編者 佐々木正昭

## 入門 臨床教育学 もくじ

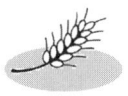

はじめに …………………… 2

### 第1章　臨床教育学のススメ

臨床教育学はどのような学問か ………………………… 9
現代教育の課題―とくに生徒指導上の問題の行動や状態への対応― … 14

### 第2章　教師が行う教育相談
　　　　　―いじめ、不登校傾向生徒への支援―

学校教育における教育相談 ……………………… 24
教育相談のあり方―事例を通して― …………………… 27

### 第3章　専門機関が行う不登校児童生徒への支援
　　　　　―適応指導教室における「心の居場所づくり」と
　　　　　　集団活動―

不登校への取り組み ……………………… 40
適応指導教室「ふれあい教室」の開設から移転まで ……………… 41
「京都市教育相談総合センター」の開設と京都市の不登校対策 ……… 48
「心の居場所」をつくるということ ……………………… 54

## 第4章　発達障害の子どもへの支援

発達に課題を抱えた子どもたち …………………… 56
発達障害とは ………………………… 57
特別な支援を要する児童生徒の実態 ……………… 57
発達障害の理解 ………………………… 58
支援の実際 ……………………… 65
大切にしたい基本姿勢 …………………… 69

## 第5章　教師の燃え尽きを防ぐ特別支援教育体制
### ―通常学級における特別支援教育と学級経営―

変化を求められる教師 …………………… 71
教師のメンタルヘルスの危機 ………………… 71
特別支援教育とその対象 …………………… 72
通常学級における障害児の担任状況 ……………… 74
学級経営における困難 …………………… 75
個と集団への支援 ………………… 77
小学校教師の特別支援教育に対する意識 …………… 77
学級担任を支える特別支援教育体制 ……………… 79
教師の特別支援教育に対する意識に影響を与える要因 …… 81
教師同士も良好な関係を ………………… 82

## 第6章　親子関係の支援―日常性を活用した教育相談―

親が抱える悩み ……………………… 86

入門 臨床教育学 | もくじ

　課題のある親子の事例 ………………………… 88
　教育に携わる者の役割 ………………………… 98

## 第7章　「問題」生徒への支援
### ―中学生の「感じ方のズレ」と「命のすごさ」の実感体験を通じて―

　中学生が見ているもの ………………………… 99
　教師と生徒の意識の「ズレ」 ………………… 100
　共有できる価値を創り出す実践 ……………… 105

## 第8章　中学校におけるいじめ指導

　繰り返されるいじめ事件 ……………………… 112
　いじめ問題の基本的視点 ……………………… 113
　本校のいじめ問題に対する取り組み ………… 115
　いじめに関する具体的事例 …………………… 118
　新しいかたちのいじめ問題 …………………… 124

## 第9章　学校における「非行少年」の指導
### ―学校サブカルチャーを通して―

　「成長の基盤」としての学校 ………………… 126
　学校の表文化とサブカルチャー ……………… 127
　学校サブカルチャーにおける価値の逆転 …… 131

# 入門 臨床教育学 もくじ

　学歴アノミー化と学校継続援助の必要性 …………………… 134

## 第10章　モンゴル放牧文化における体罰（お仕置き）

　日本人が忘れた教育観 ……………………… 142
　放牧文化におけるしつけ観と子ども観 ……………………… 143
　現在の家庭と学校における「体罰」の実態 ……………………… 147
　「育てること」と「育つこと」のバランス ……………………… 156

## 第11章　担任教師を亡くした子どもたちへの支援
　　　　　―小学3年生の「喪の仕事」―

　はじめに ……………………… 159
　子どもたちの不安感と喪失感 ……………………… 159
　「喪の仕事」とは ……………………… 162
　「喪の仕事」の実際 ……………………… 163
　「喪の仕事」を考える ……………………… 165
　人と関わり合いながら「喪の仕事」をした意義 ……………………… 171
　子どもの「喪の仕事」 ……………………… 173

　おわりに ……………………… 176

入門 臨床教育学 | 第*1*章

# 臨床教育学のススメ

Klinische
Pedagogiek

 臨床教育学はどのような学問か

## 1 臨床教育学の誕生

　昭和63（1988）年、京都大学教育学部に、わが国で初めて臨床教育学専攻の独立大学院の講座が設置された。京都大学での臨床教育学専攻の設置は、日本の大学の教育学関係者に大きな衝撃を与え、これ以後、日本各地の大学で臨床教育学やこれに類似した名称の学科や講座が数多くつくられた[※1]。筆者が設置に関わった関西学院大学文学部総合心理科学科臨床教育学専修、ならびに教育学部臨床教育学科も、この京都大学大学院教育学研究科の臨床教育学専攻講座設置の衝撃の影響の中で設立されている。

　その衝撃とは何だったのか。京都大学の臨床教育学専攻講座設立の代表者和田修二教授（以下、敬称略）の言葉を手がかりに臨床教育学の特徴を探っておきたい。

　京都大学大学院教育学研究科臨床教育学専攻講座の設置の目的と臨床教育学の定義は、次のように述べられている。

（目的）（1）増大する新たな児童や青年の問題に対処するための、より高度の教育相談の専門家の養成（2）臨床心理学と教育学を統合した、より包括的な児童や青年の研究と、臨床経験に基づく実践的な教育相談、教育

9 ★

指導の理論的研究（3）困難のある子どもの援助だけでなく、その子どもと関わっている大人自身、わけても教師やカウンセラー自身の既成の教育観の自己批判と再構築の援助」[2]。
（定義）「病理的なクライエントの直接的な治療よりも、むしろクライエントの『問題』を媒介したクライエントの成長と教育関係者自身の既成の教育観の不断の変革と再構築を重視する実践的教育学」[3]もしくは「困難を抱えたひとりひとりの子どもの新生と、教育者の自己変革を目指す実践的教育学」[4]。

　以上のような臨床教育学専攻の講座設置の背景には、現在生起している教育上の喫緊の問題に対応するには、これまでの臨床心理学と教育学では不十分であるという認識がある。臨床心理学について和田は次のように指摘する。

　カウンセリングの本当の目標は、子どもの当面の不適応行動の消失や現状復帰以上のもの、つまり、その困難を子どもが克服してこれまでよりももっと大きな自己と世界に対する積極的な展望をもつように助けること、子どもの精神的な「生まれ変わり」、人格的な「成長」ではないか[5]。

　これは臨床心理学の問題点と不十分さ、ならびにカウンセリングや心理学に対する過剰な期待と万能視を戒める率直な発言であり、この指摘がなされた1988年は、臨床心理学が隆盛を極めていた時期であって、この時期にこのような発言をすることは、まことに大胆なことであった[6]。
　このように臨床心理学の問題点を指摘する一方、和田は、これまでの教育学の不十分さについても次のように指摘する。

　教育学は、臨床心理学に学び臨床心理学と協同しなければならないだけでなく、これまで医学や臨床心理学に委ねてきた例外的、病的な子どもを、かえって大人、わけても両親や教師の側の「悪しき教育」の問題、教育者が看過してきた「基礎的な人間形成」の問題として見直してみることが必

要であろう。換言すれば、教育者にとって「問題」と見える子どもや事態は、教育者がそれまで自明と思ってきた教育者自身の教育のしかたと教育の見方の問題性に気づき、教育（学）自体を自己変革、自己更新してゆく契機とされなければならないのではないか[※7]。

　ここには、従来の教育学が、子どもたちが当面している問題を特別視し、その対処を他の学問に委ねてきたことと、問題が教育学や教育者自体への問いかけであることを等閑視し、教育学と教育者自身の改革への意識を欠いていたことが指摘されている。和田はこのように、臨床心理学と教育学の不十分さを指摘しつつ、両者が互いに学び合い、補い合うだけでなく、より大局的には教育諸科学は子どもを全人として研究する「子どもの人間学」を中心に再統合されないかぎり、子どもの問題への対処は対症的で場当たり的になるだけであり、真の子どもの支援はできないと考え、臨床教育学を提案したのである[※8]。
　和田は、どうしてこのような考えにいたったのであろうか。次に、和田の構想した臨床教育学の原点について確認しておく。

## 2　臨床教育学の原点

　臨床教育学（klinische pedagogiek=clinical pedagogy or clinical studies of education）は、オランダの教育学者、ランゲフェルトの創始した学問である。しかし、臨床教育学という言葉は、ランゲフェルトの著書や講演記録を繙いても出てこない。ランゲフェルト自身が臨床教育学という言葉を使ったのではないからである。臨床教育学という言葉は、和田が1963年から65年までランゲフェルトのもとで学んだときに、ランゲフェルトの弟子であり同僚でもあったエデット・フェルメール（E.A.A.Vermeer）が、ランゲフェルトの教育学を特徴づけて言った表現である[※9]。ランゲフェルトの教育学とは、どのようなものか。和田は次のように述べている。

　ランゲフェルトの研究活動は多岐にわたっているが、その特徴は、大学の教壇から他学を応用して教育を評論するのではなく、何よりも日常的な

教育の現実と教育者の経験に基づいて、人間と教育の意味と課題を学問的に究明しようとしたことである[※10]。

ランゲフェルトは、戦後の早い段階で、教育の人間学的、現象学的研究の必要性を指摘し、発達心理学の分野で新しい発達の見方を提唱し、それに基づく独自な発達の診断法を開発していた。また、教育相談も始めていて、今日のカウンセリングや臨床教育学の基礎となる研究をしていた。また、国内だけでなく国外の抑圧され放置されてきた少数派の人々の教育や教育支援にも大変熱心であった。そうした多彩なランゲフェルトの活動に一貫していたのが、困難に遭ったり差別されて苦しんでいる者、弱い者への深い愛と、教育を常に子どもと両親の側に立って考え、教育学を教育者の実際的な経験に基づいた学問にしようとする教育学者としての姿勢であった[※11]。

以上のように、臨床教育学は、たんに一般理論にとどまらず、課題を抱える眼前の子どもを支援する個別的、実践的な学問として教育学を構想し、これを良心を懸けて実践していたランゲフェルトをモデルにして、和田が自己の教育学を現実的、実践的に捉え直すことによって成立した学問であるから、臨床教育学はこれを原点として、さらなる展開を考えなければならない。

## 3　臨床教育学の特徴と新たな展開

和田は、臨床教育学を以下のような特徴を持つ学問と考えている。

①臨床教育学の目的は、現代増大している問題に対処するための高度な専門家（教師・カウンセラー）の育成であること
②従来の心理学、福祉、医療の領域に委ねられてきた知見や技術だけではなく、総合的な人間の理解に基づく教育学的な子どもの理解と支援であること
③問題を解消して適応させるという姿勢ではなく、問題を介して当事者だけでなく、教師やカウンセラーも成長する姿勢を持つこと[※12]

第1章　臨床教育学のススメ

　筆者は、これをさらに敷衍して臨床教育学を次のように考えた。

①現在生起している課題を抱える子ども・親・教師を支援すること
②心理学（とくに臨床心理学）、福祉、医療などに教育学の知見で総合した学際的アプローチによって課題を抱える人を支援すること
③子どもの場合、課題を除去、隠蔽するのでなく、それを契機にして適応を超えて子どもの成長をはかる姿勢が教師やカウンセラーに必要であること
④このような姿勢に立とうとするならば、教師やカウンセラーは、課題の対処に際して、その原因の分析を重視する過去志向的なものではなく、子どもの成長を重視する未来志向的に考える必要があること[※13]
⑤課題を介して子どもだけでなく、教師やカウンセラーも成長する姿勢を持つということは、治す人、癒す人として、教師やカウンセラーを位置づけるのではなく、課題への対処を考える中で教師やカウンセラーも、不断にまた柔軟に自己の考え方や接し方を反省しなければならないこと
⑥そのため教師やカウンセラーには、技法だけでなく、課題をより広い視野や文脈に位置づけ、課題の解消、軽減をはかることが求められること
⑦つまり、教師やカウンセラーには、課題を広い視野や文脈、将来的な見通しにおいて捉えるために、教育観、子ども観、社会との関連、人間観などの不断の問い直しが求められること（これを筆者は、教育人間学の役目と考えたい）

　筆者は、以上の考えから臨床教育学を「学習面・生活面で課題を抱える子どもとその親、そして教師への支援についての研究開発とその具体的方法を追求する学際的な学問」と定義し直し、その領域を、現在、様々な課題を抱えている学校現場やその周辺の喫緊のニーズに応えるために、教育学（教育人間学）を要として、教育相談（臨床心理学のカウンセリングではなく、学校教育相談といわれる分野）、特別支援教育の3つと捉えて構想した（これに福祉や医療の領域を加えてもよい）。臨床教育学の構成領域として、教育学の他に、教育相談、特別支援教育を設けたが、教育現場

の様々な課題に対応するのに教育相談が欠かせないのは分かるとして、特別支援教育の領域を設けたのは次のような理由による。

特別支援教育は、平成15年3月の「特別支援教育の在り方に関する調査研究協力者会議」の最終報告「今後の特別支援教育の在り方について」、さらにこれを受けた平成17年12月の中央教育審議会初等中等教育分科会特別支援教育特別委員会答申「特別支援教育を推進するための制度の在り方について」によって、学校教育法施行規則の一部が改正され（平成18年4月実施）、さらに学校教育法が一部改正された（平成19年4月実施）。この施策の実施によって、学校現場では、特別支援教育対象児童生徒への対応が喫緊の課題となっているが、法的な整備に伴って学校に設備や人的整備がなされたわけではない。その上、発達障害の子どもの状態は個々の子どもにより異なるのに、そうした子どもへの対処法は未だ十分に確立されていない。このように現在、学校現場が特別支援の体制づくりに戸惑い、困惑していることを、筆者は長年の兵庫県Ａ市の小・中学校への学生の派遣を通して痛感していたからである。

以上で、臨床教育学の定義や概念の確認を終える。関西学院大学の臨床教育学科の構想の詳細については、別のところに書いたのでそちらを参照されたい[※14]。

次に、現代教育の課題として、子どもの生徒指導上の問題の行動や状態への対応について論じておく。

##  現代教育の課題―とくに生徒指導上の問題の行動や状態への対応―

一般に、「生徒指導上の問題行動」（以下、「問題行動」と略す）は、反社会的問題行動と非社会的問題行動に区分されるとされる。反社会的問題行動は、対人的な暴力や器物破損など、人や物に攻撃を加える迷惑型の行為であり、非社会的問題行動は、自傷行為や不登校など、子どもが自分自身を追い込む形の行為とされる。しかし、反社会的問題行動と非社会的問題行動の区分は明確ではなく、問題行動によっては、区分に迷うものや両方に区分されるものもある。また、非社会的問題行動のうち、自傷行為、

不登校などは問題「行動」といえようが、摂食障害や過敏性大腸症候群などは「行動」というより自分の意志では統制できない「状態」に陥っていると見た方がよい。

したがって、反社会的問題行動と非社会的問題行動の区分はあくまで便宜的なもので、問題行動は、このように2分するのではなく、むしろ「問題の行動や状態」と総合的に1つに表現する方がより適切であろう。問題の行動や状態は、どのようなものであれ、子どもの気持ちの表れであり、それを引き起こしているのは鬱積した子どもの心である。それゆえに、問題の行動や状態の抑制、低減のためには、問題の行動や状態への当面の対応にとどまらず、そのような行動や状態を引き起こしている子どもの気持ちを理解した上での個別の対応が求められるとともに、あわせて子どもを取り巻く環境を整える必要がある。

次に、問題の行動や状態を抑制、低減するための方策を、子どもの個人的課題と、子どもを取り巻く環境整備の課題に区分して述べる。

## 1　個人の課題―自己の確立と意志の強化

子どもの問題の行動や状態を抑制、低減するには、個々の子どもの自己を確立し、意志を強化する必要がある。そのための方法を4点あげる。

### (1) 生きがいを持つこと、生きることを楽しむ心を養う

子どもの問題の行動や状態は、集団、社会、状況からの逸脱や不適応であり、その原因は、人間関係の歪み、受験などのストレス、青少年期の不安定な心理などである。何らかの形での逸脱や不適応の表現である問題の行動や状態を抑制、低減するためには、子どもたちには、たとえ嫌なことや辛いことがあっても前向きに生きる気持ちを持たせる必要がある。

人生は楽しいことばかりがあるわけではなく、むしろ辛いことの方が多いかもしれない。それでも、子どもたちが、生きていることに感謝し、生きることを楽しみ、積極的かつ肯定的に人生の荒波を乗り切るためには、自分にはこれがあると確信できるもの、打ち込めるもの、つまり生きがいを持つことがよい。生きがいは、子どもが逸脱や不適応に陥ることを防ぐから、問題の行動や状態を抑制、低減するのである[※15]。

（2）自己の能力への信頼や自信を持たせること

　財団法人日本青少年研究所の2011年の調査によると、「私は他の人々に劣らず価値のある人間である」という問いに対し、「よくあてはまる」「まああてはまる」と回答した日本の高校生の割合は39.7％で、米国の79.7％、中国・韓国の86.7％に対し半分以下の数字であった。また、「自分はダメな人間だと思うことがある」という問いに対し、「よくあてはまる」「まああてはまる」と回答した高校生は、日本の83.6％に対し、米国52.8％、中国39.1％、韓国31.9％であった。さらに、「自分はダメな人間だと思うことがある」という問いに「よくあてはまる」と回答した高校生だけを取り出して1980年と比較してみると、日本は2011年には、1980年の12.9％から36.0％と約3倍に増加している[16]。

　ここに見られるように、全般に、日本の子どもたちは自己肯定感が低く、自信がなく、自分を卑下する傾向がある。人は自信がないと自己の存在の基軸が揺らぐ。自己の存在の基軸とは、自己への信頼と他者への信頼に基づく未来への信頼のことである。自己の存在の基軸の根本である自己への信頼を獲得するには、自己効力感[17]を高めることである。自己効力感とは、未知の事柄や困難な事柄を前にして、自分ならやれるだろうという感情、やってみようというチャレンジ精神である。この感情は成長過程での小さな成功体験の積み重ねから生じる。小さな成功体験や達成感に基づく成長の実感こそが、自己効力感、つまり自己の能力への信頼を生み、自己の存在の基軸を確かなものにし、未来に立ち向かう自信を生むのである。

（3）我慢して努力すること、すなわち鍛えることの必要性

　自己効力感は、何もせずに待つだけでは、また成長の機会があってもそこから逃げていては得られない。自己効力感は、1つのことにじっくりと取り組むことによって初めて生じる。辛くても我慢して努力する、それは不断の自己との戦いであるが、その克己の精神の上に自己効力感というチャレンジ精神が生じるのである。茶道や剣道では、守・破・離という3段階上達論を説く。「守」は「下手」であり、「破」は「上手」であり、「離」は「名人」である。茶道といい、剣道といい、およそ道を極めんとする者は、この3段階を踏んで上達するのであって、一気にうまくなるわけでは

ない。また、万人が名人の位を極めることができるわけでもない。

　上達のためには、絶えず「守」、すなわち基本に還りながら、上達を信じて日々不断に努力する以外ないのである。どの道においても確かなことは、「上手」や「名人」と言われる人は、それまでに大変な鍛錬の裏付けがあるということである。これは、武道や芸道にとどまらず、学問などにも共通することであるし、さらには人生そのものにも通じることでもある。子どもは成長の実感があれば、どんなに辛くても我慢することができる。ただ、子どもだけの努力では限界があり、真の上達のためには、大人の適切な指導と助言が必要である[*18]。

　自己効力感の養成とともに我慢と鍛錬に関して強調しておきたいことは、子どもには、知育、徳育、体育の３つの分野での基礎基本を徹底して教え込むべきであるということである。子どもは、この３分野の基礎基本を拠り所として自立していくから、これらが確立されないと子どもの自立が保障されない。この問題は子どもの自立の完成と深く関わっている。

### （４）自立の完成—社会的（人間的）自立

　教育の目的は多々あるが、個々の子どもに焦点を当てれば、教育は子どもの成長のための基礎、つまり子どもの自立の支援である。子どもの自立とは、子どもが人の助けを借りずとも自力で生きていくことができるようになることである。一般に、子どもの自立は、生活面での自立、精神面での自立、経済面での自立と考えられている。しかし、人の成長や人間としての成熟の意味を考えると、人は自分のことが自分でできるようなったことをもって成長、成熟したとは言えない。

　人が成熟するとは、面倒を見てもらった子どもが、役割を替えて、人の面倒を見る大人の立場に立つことであり、人の気持ちに配慮したり、職業を通して社会に貢献することができるようになることである。このような社会的（もしくは人間的）自立とでも呼ぶべき境地に立って初めて、人間の成長、成熟は完成する。したがって、子どもの自立は、個人の自立にとどめずに、社会的（人間的）自立にまで高められる必要がある。社会的（人間的）自立はまた、人々から感謝されたり、大切に思われることにつながるから、本人の自己肯定感やアイデンティティの獲得にもなる[*19]。

## 2　子どもを取り巻く環境の整備

　子どもたちが自信を持つことができるように、自己効力感を高めることが現代の日本の教育の喫緊の課題であるが、それと同時に進めなければならないのは、子どもを取り巻く人間関係、すなわち集団の調整と整備である。これは犯罪環境学の考え方を参考にしている。通常、犯罪は個人が犯すものであるから、犯罪防止のためには、犯罪者の処罰や予防のために個別の働きかけが行われる。これに対し、犯罪環境学は、このような個別の対応だけでなく、犯罪の予防と低減のためには、犯罪を起こしにくい環境の整備が必要であると説く。たとえば清掃がいきとどき、死角がない公園では、犯罪は起こりにくい。公園が地域の人々によって管理され、絶えず地域の人々の目が公園に注がれているからである。つまり、地域に当事者意識や縄張り意識が行きわたっていると、犯罪は起こりにくい。地域が当事者意識や縄張り意識を持つように組織すること、つまりコミュニティになるようにすることが、犯罪の予防や低減につながるとする[※20]。

　学校においてもこれと同様に、問題の行動や状態の発生を予防、抑制するためには、自己の確立と意志の強化といった個人に対する働きかけとともに、環境整備が欠かせない。学校における環境整備は、学校の死角を少なくするといった物的、構造的な課題もあるが、本章では人間関係、つまり集団の整備について、3点述べる。

### （1）社会的絆の増加と強化

　人的な環境整備について参考になるのは、社会的統制論である。社会的統制論は、人間は規制がないと利己的になるという人間観に立って、社会は統制によって秩序立っているが、それが何らかの形で緩むと逸脱が生じるとする。

　統制の形は、外的なものと内的なものがある。外的な統制とは、法や規則など、時には罰則を伴うものである。内的な統制としては、ハーシー（Travis Hirschi,1935－）の社会的絆論が参考になる。ハーシーは、社会の絆（social bonds）、つまり逸脱を防ぐ心の絆として、attachment（両親、学校、仲間への愛着）、commitment（既存の社会の秩序にそった目標や価値到達への欲求）、involvement（日常の諸活動への没頭）、belief（規範

第1章　臨床教育学のススメ

意識）の4つをあげる。つまり、自分を大切に思ってくれる人や大切に思う人がいる、現在の社会で到達したい地位や職業への欲求がある、学業も含めて趣味や活動などで夢中になり没頭するものがある、法の遵守など強い規範意識がある、このような人は社会との心の絆（つながり）があるから、非行などの社会からの逸脱行為は起こしにくいとする[※21]。

　社会や人との密接なつながりが、人の社会からの逸脱を防ぐというハーシーの考え方は、人のアイデンティティや自己肯定感の獲得の要点を示している。外的な統制は規範意識として内在化されるから、大切なのは心的な4つの絆と考えてよい。また、その心的な絆も4つに限定されるものではなく、さらに増やすこともできるであろう。大切なことは、子どもが現実の社会や人とつながることのできる絆があることであり、さらにそれらが増加、強化されるように子どもの環境を整えることである。

（2）人間関係を含む集団の課題—質の高い集団の形成

　森田洋司は「いじめの4層構造」を説いた。すなわち、いじめの起こっている集団は、いじめの当事者である加害者と被害者を取り巻いて、いじめ行為をはやしたてる観衆と無関心な（もしくは無関心を装う）傍観者という4つに分かれているというものである[※22]。これは、いじめが起こると学校の集団（つまり学校自体、学級、授業など）が、教育という場にふさわしくない状態に陥っていることを示している。

　人のアイデンティティは、自分を主軸として交差する、いくつかの人間関係（集団）に支えられている。それは家庭であったり、職場であったり、地域であったりする。人は、このいくつかの人間関係（集団）において、それぞれ自分の居場所がある、もしくは必要とされていることによって、自分が支えられている実感を持ち、自己のアイデンティティを得ている。これは子どもも同じである。子どもの場合は、大人より人間関係（集団）が少ないために、一つひとつの人間関係（集団）がさらに重要な意味を持つ。子どもの人間関係（集団）の中心は、家庭と学校、とくに学級である。家庭と学校もしくは学級の人間関係（集団）が歪になるとき、たとえばいじめられているとき、子どもの居場所はなくなり、子どもの自己アイデンティティは失われる。

これは、ネットや携帯電話での通信がクラスの友人から絶ち切られるときも同様で、このような行為は、された方の子どもにとっては孤立を招く実に残酷な仕打ちとなる。それでは、いじめが起こっているような歪んだ集団ではなく、よい集団とはどんな集団であろうか。それは相互信頼に基づく共同体としての集団である。この集団では、成員が相互の信頼に基づいて相手に敬意を持って接し、子ども同士はもちろん子どもと教師の間で「喜びを与え合う関係」[※23]が成立していて、ほがらかな笑いが絶えない。

(3) 積極的生徒指導としての特別活動

　学校で問題が起こると、その対応に追われ、いわゆる消極的な生徒指導が行われることが多い。しかし、事が起こってから対応するよりも、問題の出現を未然に防ぐ予防的開発的な生徒指導、つまり積極的生徒指導が望ましいのは言うまでもない。積極的生徒指導には、様々な方法があるが、筆者の立場から述べておきたいのは、特別活動の活用である。

　現行の学習指導要領にも、特別活動と生徒指導の関係強化は述べられているが[※24]、それが学校現場で十分認識されているとは言い難い。各学校においては、生徒指導の具体的な場としての特別活動の重要性を認識し、その具体化をはかるべきである。これは、たとえば、いじめが起こったときにクラスで話し合うといったことだけを指しているのではない。クラスでいじめがあったとして、話し合いをしても必ずしも事態が好転するわけではなく、かえって悪くなることもある。それよりもクラスの（または学校全体で）催し物やスポーツなどをして、人間関係の改善をはかる方が、方法は迂遠でも実効性があるのではないか。ここでも学級などの集団が相互信頼に基づく共同体として組織されているかどうかが問われるのである。ただ、集団は、ただちに共同体となるわけではない。質の高い集団の形成を目指すとき、成員間のトラブルはつきものである。しかし、子どもたちの利己的な態度が全体に配慮する協力的な姿勢に変わる、つまり集団が信頼に満ちた共同体として形成されるとき、子どもたちは確実に成長する。

　集団の形成過程で大切なのは、話合い活動である。特別活動の話し合い活動は、実行可能な事柄に向けての責任ある集団決定を伴うのを特徴とするが、このような話し合い活動は、信頼に基づいた集団が形成されていな

いとできない。集団の成員が安心して自由に発言し、決定後は、成員が決定に従って積極的に参画するような集団決定ができるかどうかは、ひとえに集団のありようにかかっている。つまり、誠実な話し合い活動ができるかどうかが、集団の質の度合いを示す指標である。とくに学校生活の基盤である学級（ホームルーム）を子どもたちの準拠集団、つまり学校生活の居場所となるよう組織すること、さらに生徒会活動、学校行事、クラブ活動（特別活動と関係の深い部活動も含めておく）なども、信頼に基づく共同体として形成することができれば、特別活動は、子どもの成長を保障し、問題の行動や状態を軽減する積極的生徒指導として機能する。

## 3　小結

　問題の行動や状態は、見逃せないものも多いので、当面の処置としての消極的な生徒指導は、必要不可欠である。しかし、本来的な生徒指導としては、問題の行動や状態を隠蔽、除去するのではなく、そのような行動や状態を引き起こしている心のありようを、子どもに1つの課題として正面から向き合わせ、この経験が成長の糧となるよう長期的かつ広い視野に立って、現在の負のエネルギーを未来に向かう正のエネルギーに向け変えさせる必要がある。

　そのための教育の個別の課題としては、子どもが自己効力感を得て肯定的に自己を捉え、生きがいを見つけてポジティブに人生を生きていくように支援することが必要であるが、それとともに、このような個別の課題をより円滑に達成できるように、子どもを取り巻く人間関係や集団を信頼に基づくものに絶えず整えておく必要がある。仲間はもちろん、親や教師と喜びを分かち合い、朗らかな笑いとともに、切磋琢磨して共に育つことによって、逞しく未来と世界に羽ばたく若者を教育することが、今こそ大人の責務として突きつけられているのである。

### 注

[※1]　臨床教育学関係の専攻や講座の広がりについては、新堀通也編著『臨床教育学の体系と展開』多賀出版、2002年、参照。
[※2]　和田修二「序章　臨床教育学専攻を設置した経緯と期待—京都大学大学院教育学

研究科の場合」和田修二・皇紀夫編著『臨床教育学』アカデミア出版会、10頁。
※3　和田修二・皇紀夫編著、同上書、23－24頁。
※4　和田修二・皇紀夫編著、上掲書、28頁。
※5　和田修二・皇紀夫編著、上掲書、18頁。
※6　和田の臨床心理学者や教育心理学者に対する批判的な発言の背景には、従来の西欧的思考に批判的なランゲフェルトの考え方がある。ランゲフェルトは「非人格化」「一般性への還元」、つまり個々の人格としての人間の無視こそ西洋的思考の本質的特徴として「人間の『こころ』の問題を取り扱わぬ心理学、『人格』としての人間を問題にしない社会学や経済学」などと批判している（岡田渥美・和田修二監訳『教育と人間の省察』玉川大学出版部、昭和57年、第4刷、141ならびに143頁）。和田はまた、近代的な物の見方や生き方を、「全人類の歴史から見れば近代西欧という局地の文化の産物」であるという大胆な発言を早くにしているが、ここにもランゲフェルトの思想の影響が見られる（和田修二『教育する勇気』玉川大学出版部、1995年、243頁）。
※7　和田修二「序章　臨床教育学専攻を設置した経緯と期待―京都大学大学院教育学研究科の場合」19頁。
※8　和田修二、同上書、26頁。
※9　和田修二、同上書、25頁。
※10　和田修二、同上書、25頁。
※11　和田修二『教育の本道』玉川大学出版部、31－32頁。
※12　和田修二「序章　臨床教育学専攻を設置した経緯と期待―京都大学大学院教育学研究科の場合」10頁。
※13　ランゲフェルトは、「人間にあっては、過去、現在、未来は、……相互に関連し合い、浸透し合っている。……このような3つの相異なる時間時限への同時的関係こそ、実は人間固有の本質に属する根本特徴の一つであって、これをわれわれは『ヘテロクロニー（異時間重存性）』と呼んでいるのである（岡田渥美・和田修二監訳『MJランゲフェルト講演集　続　教育と人間の省察』玉川大学出版部、昭和51年、4頁）」とした上で、次のように述べる。「われわれ人間は過去に対するのと同様、常に未来に対しても創造的に関わりながら生きている。それゆえ、人間ひとりびとりの具体的人格の在りようについても、また社会の具体的在り方についても、現在あるがままに正しく把握するには、過去がどのように現状を規定しているかを『回顧的』に見るだけでは不十分であって、さらに現在における未来への『展望』が、未来への姿勢が、かえって現在の在りようそのものを大きく規定している面をも併せ認識しなければならない。人間にとって、なかんずく春秋に富む青少年にとっては、この未来への展望こそ何にもまして重要な意味を持つ（岡田渥美・和田修二監訳、同上書、5－6頁）」。これはフロイトの精神分析批判としても読むことができる。
※14　この第1章の「臨床教育学はどのような学問か」は、次の書から抜粋し多少の修正を加えたものである。また、この書には、筆者の構想した臨床教育学の詳細についても述べている。佐々木正昭「臨床教育学の原点と課題―私の臨床教育学体験―」（和田

修二・皇紀夫・矢野智司編著『ランゲフェルト教育学との対話―「子どもの人間学」への応答―』玉川大学出版部)。
※15　生きがいについては、神谷美恵子『神谷美恵子著作集1（生きがいについて）』みすず書房、1980年、参照。
※16　財団法人一ツ橋文芸教育振興会・財団法人日本青少年研究所『高校生の生活意識と留学に関する調査報告書―日本・米国・中国・韓国の比較―2012年4月』財団法人日本青少年研究所発行、2012年。
※17　Bandura,A.,Social Learning Theory,1977,pp.78-85.佐々木正昭「自己存在感・自己効力感」日本特別活動学会編『キーワードで拓く新しい特別活動』東洋館出版社、2000年、30-31頁、参照。
※18　「守・破・離」ならびに現代における訓練については、佐々木正昭「現代訓練論」山崎高哉編『応答する教育哲学』ナカニシヤ出版、所収、参照。
※19　子どもの自立については、佐々木正昭『生徒指導の根本問題―新しい精神主義に基づく学校共同体の構築―』「第2章　現代教育の個人的課題」日本図書センター、2004年、参照。
※20　小宮信夫『犯罪は「この場所」で起こる』光文社、2005年、参照。
※21　Hirschi,Travis,Causes of Delinquency,University of California Press,1969. 森田洋司・清水新二訳『非行の原因―家庭・学校・社会へのつながりを求めて』文化書房博文社、1995年。
※22　大阪市立大学社会学研究室　研究代表森田洋司『「いじめ」集団の構造に関する社会学的研究』1985年。
※23　鹿島和夫「生きる」せんせいあのね、鹿島和夫、MBSテレビ、1996年5月18日放送。
※24　現行の中・高等学校の学習指導要領では、総則の「教師と生徒の信頼関係及び生徒相互の好ましい人間関係を育てるとともに生徒理解を深め、生徒が自主的に判断、行動し積極的に自己を生かしていくことができるよう、生徒指導の充実を図ること」を受けて、学級活動（ホームルーム活動）について「個々の生徒についての理解を深め、生徒との信頼関係を基礎に指導を行うとともに、生徒指導との関連を図るようにすること」と下線部が追加・修正されている（小学校もほぼ同一の表現に統一）。また、中・高等学校の特別活動では、家庭との連絡を密にした適切な教育相談（進路指導を含む）の実施とともに、学校生活への適応や人間関係の形成、教科・科目や進路の選択などの指導に当たってのガイダンス機能の充実のために、学級活動等の指導を工夫することとされている。

　ここに見られるように、現行の学習指導要領では、学校生活の基盤である学級（ホームルーム）が児童生徒の準拠集団、学校生活の居場所となるよう学級活動を生徒指導推進の中核的時間として組織することが求められている。

入門 臨床教育学 | 第2章

# 教師が行う教育相談
―いじめ、不登校傾向生徒への支援―

## 学校教育における教育相談

　学校における教育相談（学校カウンセリング）は、一般にカウンセラーが行う相談（カウンセリング）とは、形態、内容、方法など様々な点で異なる。本章は、教師の行う教育相談とその実際についての論攷である。最初に、教育相談に関わる用語の整理をしておきたい。

### 1　教育相談という用語

　一般に、「相談」と「カウンセリング（counseling）」とは同義であり、それぞれに「教育」「学校」を冠した「教育相談」と「学校カウンセリング」も同じ意味で使われることが多い。文部科学省の『中学校学習指導要領解説（特別活動編）』[※1]では、「教育相談」について次のように説明している。

　教育相談は、一人一人の生徒の教育上の問題について、本人又はその親などに、その望ましい在り方を助言することである。その方法としては、1対1の相談活動に限定することなく、すべての教師が生徒に接するあらゆる機会をとらえ、あらゆる教育活動の実践の中に活かし、教育的配慮を

することが大切である（下線は筆者）。

　ここに"教育上の問題"、"すべての教師"、"教育活動の実践の中"、"教育的配慮"といった言葉があるように、「教育相談」は、一般の相談（カウンセリング）と違って、学校教育特有の相談活動である。
　次に、学校で行われる教育相談の特質について、『生徒指導提要』[※2]及び「児童生徒の教育相談の充実について―生き生きとした子どもを育てる相談体制づくり―（報告）」[※3]を参考に、整理する。

## 2　教育相談（学校カウンセリング）の特質
　一般の相談（カウンセリング）では、相談を受けたい人（依頼人）が、自らの意志で相談者（カウンセラー）に連絡を取り、初回に対面したときに"契約関係"を結ぶところから相談が始まる。相談を行う場所は、相談機能に特化した面接専用の部屋であり、相談の開始時刻や終了時刻が設定されている。また、相談には費用も発生し、依頼人は定められた料金を支払わなければならない。相談が進んでいく過程で、場合によっては、相談者から相談を中止することもある。このように、相談者が、心理職として相談業務に当たる際は、強固な枠組みが設定されており、その中で相談が進められるのである。
　これに対し、学校における教育相談では、相談者である教師と相談を受ける児童生徒及び保護者は、お互いに既知の間柄である。そのため、教師は相談を行うに際し、すでに児童生徒に関わる多くの情報を持っている。このことは、先入観による誤謬を招くことがあるという負の側面もあるが、相談者である教師が児童生徒が発する小さな"心のサイン"にいち早く気づき、問題が深刻化する前に支援・援助ができるという利点がある。また、学校には、様々な立場の教職員が勤務しているので、個々の生徒に多様な関わりをしていくことが可能であるとともに、外部の専門機関と適宜、円滑な連携や協働体制を構築しやすく、早期に対応することができる。このように、学校教育における教育相談は、組織的に相談活動を進めることができる点に強みがある。

以上のことから、学校の教育相談は、一般の相談と比較すると、次の4点の特徴が見られる。①子どもの問題の早期発見・早期対応が可能である、②子どもへの援助資源が豊富である、③他機関との連携が取りやすい、④組織的に多様な相談活動ができる。

## 3　教育相談の形態と方法及びその内容

　学校における教育相談では、1対1の個別面談以外にも、様々な面談の形態がとられているとともに、相談の方法も多岐にわたっている。たとえば、面談には、個別相談、グループ相談、チーム相談、呼び出し相談、チャンス相談、定期相談、自発相談などがあり、方法には、面接、電話、手紙、FAX、メールなど、多様な形がある。

　相談内容は、児童生徒の成長過程における、身体に関すること、性、性格、友人関係、学業成績、部活動、進路、家庭生活、病気に関することなど、多種多様である。それゆえに、教師が行う教育相談は、学校の教育活動全体を通じて、学級担任だけでなく、すべての教師が様々な時と場所において、適切に行うことが求められるのである。このような教師が行う教育相談は、文部科学省により平成7年度から実施されているスクールカウンセラー（全国で約1万校に臨床心理士を中心としたカウンセラーが配置・派遣されている）が行う相談とは、異なる側面があるとともに、学校教育において重要な役割を担っている。

　ところが、近年、教育現場では、スクールカウンセラーや相談員などの配置により、これまで教師が行ってきた教育相談が、臨床心理学を基盤とした心理の専門家が行うカウンセリングより軽く見られたり、教師自らが専門家に任せてしまったりする傾向が見られる。また、少子化によって学校の規模が縮小化していることにともない、1校当たりの教員数も減少していることから、時には教育相談に十分な知見のない教師が教育相談の係になることもある。このような現状を考えると、教師が行う教育相談について、その意義と教育的価値をあらためて検証していくことが求められている。

　とりわけ、"いじめ問題"が社会的関心を集め、学校不信が強まる風潮

にある今こそ、教師が行う教育相談の大切さについて再認識しておくことが大切である。この点に関しては、すでに「報告書」においても指摘されている通り、「学校においては、事件・事故のときに、初めて教育相談体制を見直したり、カウンセリングの重要性を考えるような対症療法的な対応ではなく、学校が比較的落ち着いているときこそ、教育相談を充実するチャンスという認識を持ち、予防的対応を心がけることが大切」[※4]なのである。

##  教育相談のあり方―事例を通して―

筆者は、公立中学校で教師をしていた経験を持つ。その当時、スクールカウンセラーの配置が着々と進められていたが、筆者の勤務校に派遣されることはなかった。そのこともあって、教育相談は、教育相談の係になった教師が中心となり、教師自らの意欲と責任感に支えられて取り組まれていた。

当時の実践は、専門的なカウンセリング技法を習得したカウンセリングの職能を持つ心理職が当たったのではない。教師が、目の前にいる生徒の悩みや苦しさを理解しようと努め、生徒一人ひとりを大切にしながら学級集団を育てようと苦戦する、極めて教育的な実践であった。次に、当時、筆者が学級担任として関わったいじめ問題と不登校傾向の生徒に対する教育相談の事例を通して、教育相談のあり方を考察する（守秘義務を遵守す

★資料1　宛名のない封筒（表）

★資料2　宛名のない封筒（裏）

るために、人物が特定されないように事例の一部を変更している）。

## 1　事例1　いじめ問題
**（1）事例**

　199X年、A子（中学校3年生・女子生徒）の机上に1通の宛名のない手紙が置かれていた。A子が開封して中を読むと、紫色のボールペンで用紙いっぱいに「死ね！」と殴り書きされた手紙であった。手紙の内容を確認したA子は、興奮した状態で筆者の教室にやってきた。

　筆者は、A子を1年生のときに担任していたが、この時には違う学年を担当していたので、授業でも、また、生徒会の委員会や清掃などでも、直接にA子と話す機会はなくなっていた。なぜ、A子が筆者のところに訪ねてきたのか不思議な気もしたが、とりあえず話を聞くことにした（当時、筆者は、教職経験のスタートが小学校だったことから、小学校時と同様に、始業前の朝、昼休み、放課後は、教室で事務作業をしていることが多かった。このことを知っていたA子は、教室で作業している筆者を訪ねて一人で手紙を持参してきたのであった）。

　はじめに、A子を近くのイスに座らせ、簡単なあいさつをした後に、「何かあったように見えるが、どうしたの？」と、聞いてみた。

　すると、A子は、部活動で自分がB子からいじめられていることや、手に持っていた手紙の差出人に心当たりがあること（筆跡からB子と推定）、A子の学年全体が荒れていて授業が成立していなかったり、学校を休む生

★資料3　手紙（2枚中1枚目）

徒が増えて、学年の先生方が大変そうであることを語ってくれた。

　今回のA子のようなケースは、特段珍しいことではなかったが、A子が部活動の時間であることを考えて、半時間ほど話を聞いた時点で、「よければ、続きは次回にきちんと聞くので、部活動に行かないか？」と提案してみた。A子も、気持ちが落ち着いてきたようで、慌てて時間を確認する様子が見られた。そこで、A子に手紙の件を学年の先生や部活動の顧問の先生に伝えてよいかを確認した上で、手紙は、A子の手元に置いていても気分がよくないだろうから筆者が預かることにした。

　この日は、A子から預かった手紙とA子の語った話の要約をメモにして職員室に戻り、学年主任と生徒指導主事、管理職の先生方に簡単な報告をしておくにとどめた。A子の部活動の顧問は、熱心な指導をすることで定評があり毎年極めて優秀な成績を残す部であったが、反面、今回のような部活動内の問題が表に出ると、少々常軌を逸した指導をする可能性もあった。このことを危惧して、情報共有の判断は報告した先生方に一任することにした。

　部活動でのいじめ問題を当該の部活動の顧問に伝えず、このような対応をしたことには、批判があるかもしれないが、本事例の頃、筆者の勤務校は、愛知県西尾市中学生いじめ自殺事件[※5]を受けて、いじめ問題に対しては、毅然とした指導をする、被害者を徹底して守るなど、危機意識を持って指導に臨んでおり、このようないじめの事例を楽観視したり、甘く見ていたわけではないことを断っておく。

　翌日の放課後、A子は落ち着いた様子で筆者のいる教室にやってきた。
「昨日の手紙のことを家族の人にお話ししたの？」と切り出すと、
「自分がいじめられていることを知ると、親が気の毒だから話していない……」とのことであった。
　A子には、「お互い、部活動に行かないとまずいから、昨日と同じくらいの時間内でお話ししましょうか？」と言うと、
「今、パート練習中なのでちょうどいいです」と言った。
　この日の話題は、B子からの"いじめ"に気づいた頃から現在までの経緯、受験に向けての漠然とした不安とストレス、荒れている学年の様子な

どであった。筆者は基本的に積極的に聴くことに徹したが、いじめに関しては情報を得ることが必要であったために、時に質問を交えながら面談を進めていった。半時間ほどして、面談を終了する際、今後、どのようにしたいのかを確認することにした。

　A子は、「いじめは、すぐに無くならないと思うから、時々話を聞いてほしい」と言った。この発言からすると、A子は、教師の指導があったとしても根本的ないじめの解決にはいたらないと考えていたようである。そこで、筆者は、A子と仲のよいほかの女子にも声をかけて、一緒に来ることを勧めてみた。これは、この時期になると、ほとんどの運動部の生徒は最後の大会の参加を終えて引退していたので、時間的ゆとりがあることを考えての提案であった。A子は、「何人か誘ってきます」と答えて練習に戻っていった。

　数日後、A子は、仲良しの女子2人を連れて放課後の教室に姿を見せた。連れてこられた2人は、穏やかな性格の生徒である。A子は、その2人を含む仲良し女子グループのリーダー的存在であった。筆者は3人の人間関係を知っていたので、筆者から、2人の生徒にA子が困っている状況を話してみた。2人の女子生徒は、筆者の話を聞いて、A子が元気をなくしている理由が納得できたと言い、親身になって、A子に励ましの言葉をかけるとともに、自分自身が似たような体験をしたことについて語り出した。この2人の生徒は、かつて筆者が担任していた生徒だったので、面談は、気心知れた者同士特有の温かな人間関係の中でのグループ面接の形になり、これはA子に勇気づけをするよい時間となった。

　A子は、このように仲良しの女子生徒と面談に一度やってきたのを最後に、しばらくの間、顔を見せなくなった。3学年担当の教師にそれとなくA子のことを聞いてみると、A子は経過観察中なので気にかけているが大丈夫そうだと言うことであった。学年団としてのB子への指導は、A子へのいじめについて直接触れずに、当該の部活動のことを話題にすることで間接的にいじめを抑制しようとしている様子であった。B子は、部活動のリーダー的存在であり、学力的にも高い生徒であることから、大会に向けてのプレッシャーや受験ストレスを抱えて、精一杯の状態であることを学

年の教師から聞くことができた

 1学期が終わり夏休み前半の頃に久しぶりに顔を見せたA子は、明るい表情であいさつをすると、「これ読んでください！」と1通の手紙（資料4）を筆者に手渡した。その後、「もう、大丈夫です。練習に行かなくちゃ」と言って部活動に向かっていった。その姿を見て、筆者は、子どもは子どもの中で育ち、困難を乗り越える力を身につけるということを確信した。

---

〈前半部分については略す〉

 今は、夏休み中で、部活で忙しい毎日です。30日にコンクールがあり、それも佳境に入っています。部活では、B子が私を気に入らないらしく、いろいろ陰で言っています。

 私は文句があるなら、私に言えばいいのに、陰でしか言えないあの子を、弱いなと思いました。私も言える立場じゃないけど、なんかそう思う今日この頃です。

 豊先生が顧問をしている〇〇部の試合は近いそうですがどうでしょうか？

 がんばってください。こう言うと恥ずかしいのですが、豊先生に出会い、少し成長できたと思います。なんか、ちゃんと現実を受けとめられるというか、なんか考え方が、昔と比べてすごく変わったと思います。

 受験勉強はいろいろと大変です。右も左も分からないけど、少しずつ自分らしくいきたいと思います。では、これからもいろいろ相談すると思いますが、何とぞよろしくお願いします。夏バテ&風邪に気をつけてください。

★資料4　A子からの手紙

---

（2）事例1の考察

 本事例では、教師が行う教育相談の役割と実際の面談が終結するまでの具体的な過程の概要を示した。この事例からも分かるように、教育相談は、すべての教師が身につけなければならない個別的、具体的な教育方法である。教師が学校において教育相談を行うためには、次の2つの視点が必要

である。

① 教育相談では、様々な問題の解決、諸問題の未然防止、児童生徒の心の発達の促進を目指す。
② 教育相談の効果を高めるためには、保護者との協力関係の構築、校内の様々な教職員との連携をはかることが重要である。

　事例1では、生徒が自主的に相談に来ていることと、中学校では放課後の部活動があるために教育相談に十分な時間を確保することは難しいので、30分程度の面談を行っていることに特徴がある。教育相談では、このように短時間でも対応することが大切である。学校では、一般の相談室とは異なり、十分な時間を確保して面談することが難しいが、教師は相談室のカウンセラーや相談員と違って、日常の学校生活で生徒と多様な関わりを持っており、この点を生かして教育相談に当たることができることが強みである。事例1が成功した基礎的要因としては、信頼関係が成立していたことにある。また、初回の場で結論づけたり、納得させたりしないで、「心配している」ことを伝えるにとどめた点も、結果的にはよかったと思われる。これで、2回目以降の面談につなぐことができた意義は大きい。
　教育相談における守秘義務の要点は、「情報を『校外に洩らさない』という意味にとらえる」[※6]ことである。事例1では、秘密にしてほしいという要望は無かったが、もし、他言しないでほしいと生徒から求められた場合には、教員間の情報共有の必要性を説明して、生徒の了解を得るようにすべきである。というのは、近年の生徒指導上の諸問題は、一教師の対応だけでは限界を超えているケースや、対応がうまくいかなくなったときに事態が悪化するケースなどが見られるためである。危機管理の面からも、教師が一人で問題を抱えることは絶対に避けるべきである。
　ところで、教師が行う教育相談で大切なことは、「守られた環境の中で児童生徒が、自由に伸び伸びと学校生活を送れるようにすること」[※7]である。この意味において、A子のいじめを認知した時点で筆者は、A子の心理社会的安定をはかるための面談の継続、A子自身の育ちの支援、仲のよ

い女子生徒を関与させながらのＡ子への勇気づけを主に行った。加害者のＢ子への関与はせずに、Ｂ子のことは管理職及び生徒指導主事との連携のもと学年担任団に任せた。この判断の評価は分かれるかもしれないが、当時の職員間の関係性や生徒の実態を鑑みれば、正しかったと考えている。というのも、詳細は省くが、Ａ子自身が成長することで問題の大部分を解決することができたからである。

事例１は、学校における生徒の"やすらぎ"の場の保証を生徒の内面に再構築していく作業を教育相談で支援した教育的営みであると総括できる[※8]。

## 2　事例２　不登校傾向の生徒

（１）事例

次の❶❷❸は、かつて筆者が担任教師として関わった３人の不登校傾向の生徒、Ｃ子、Ｄ子、Ｅ子から筆者あてのメッセージ（メモ、生活ノート、手紙）である。

❶　Ｃ子（中学２年生）からのメモ
「気持ちわるい！　帰る。熱もあるし」（７月Ｘ日１校時後）
「頭いたい。（足も……。）気持ちわるい。帰る」（翌日）
「頭いたい。足もいたい。帰る！」（翌々日）

❷　Ｄ子（中学２年生）からのメモと質問
「今日はいっぱい寝たみたい。今これ書いてるの水曜日ですけど、10時間くらい寝ました。疲れたのねー」（生活ノート）
この生活ノートには、次のような手紙が添えられていた。
「どうしてＦ君は休ませてもらえるんですか？
こんなんまでして学校来るんなら死んだ方が100倍はまし。
毎日×２来る度に影で悪口言われて……。うちの親は分かってくれない。
『それくらいならガマンしなさい』とか言って……。
もー、ぜったい来たくないんです。何とかしてください先生。
本当にもう嫌なんです。ガマンできません。こんな学校来たくない！」

「書いたとおりです。よく解らないけど、学校のこと考えるとすごく気持ち悪くなって（家にいるとき）、頭ぐるぐるするんです。
なんか拒否するんです。心にぽっかり穴空いた気がして……。
今日も3時間目終わったあたりが多分限界だと思うんで……」
「このまま、学校に来てたって、つらいだけです。頭がおかしくなります。大人はどうして分かってくれないんですか？
『行きたくない』って言っても、
『ガマンしなさい』とか、
『気にしなきゃいいの』とか……。
気にしているから言って助けを求めてんのに……。
だって、こんな地獄みたいな学校に、来なくていいんだから。
来なくていいんだったら、私、なんでもします。
学校なんか生き地獄です。
（それでも行けって言うんだったら、私が死んじゃいます。
命じゃなくて心がです。学校来るんだったら、死んだ方がましです）」

❸　E子（中学1年生）からの手紙（資料5）12月X日（土）
「今日の給食の時に、紙がはってあってそれを見てみると『ハッピーバースデー、一日早いけど早く教室に来て、みんなで遊ぼうね』（元A小G子H子）と書いてありました。その時、私は、初めて友だちの大切さ、温かさを知りました。その時は、涙が出るほどうれしかったです。でも、なんでうちの誕生日知ってたんだろう？と思いました。『1日も早く教室』に

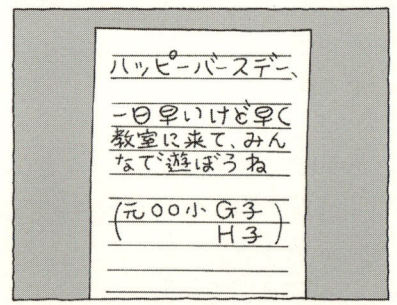

★資料5　E子からの手紙

行きたいなとは思うけど、教室の前に行くと、足が棒になって、なかなか前に進めません。すいません。めいわくばかりかけて……」

　3人の女子生徒と筆者が関わったのは、学校も時期も異なるが、C子、D子、E子は、ともに不登校傾向の生徒であった。C子は非行に関する問題行動を繰り返して教師からの指導が入りにくい生徒であり、D子は真面目で素直であるが、いじめられていると感じていることがきっかけで精神的に疲れている生徒で、E子は複雑な家庭環境で家庭での虐待が疑われており、また、盗癖があるので、本人と周囲の生徒相互に強い不信感があるために、対人関係が極めて不得手な生徒である。
　このように、一口に不登校傾向の生徒といっても、その様態は多様でそれぞれ個別の支援を要するから、教師は、教師としての教育的関わりだけでなく、治療的な関わり、警察や児童相談所などとの連携、福祉関係機関への橋渡しの検討など、様々な視座をもって当たらなくてはならない。ところが、教師が関わるのは不登校生徒だけではないので、ともすれば、授業や他の生徒への対応に追われ、不登校傾向の生徒への対応が"あとまわし"になりがちである。しかし、そうなると不登校傾向の生徒への対応が不十分になり、手遅れになる場合があるので、教師はこのことに注意しておかなければならない。
　次に、本事例の対応とその考察を述べる。

（2）事例2への対応と考察
　上述の不登校傾向の女子生徒からのメッセージは、生徒と筆者の関わりの初期段階にメモや手紙を通して受け取ったものである。これらのメッセージには、生徒の「心の（危機）サイン」や「本音」が記されている。生徒指導の基本は、「生徒理解に始まり生徒理解に終わる」と言われるが、教育相談は、生徒理解のために、生徒の心のサインをきちんと受け止めることから始まる。
　そして、教師が行う教育相談は、生徒のメッセージが意味すること、不登校傾向という行動によって生徒の求めていることを、生徒の立場になって考えることを通して、教師自らの教師としての姿勢と教育実践（授業、

学級経営、学年経営など）をふり返る契機となるのである。
　以上の視点から、本事例を通して教師の行う教育相談のあり方を考察する。
　①自由気ままに早退を繰り返すＣ子
　Ｃ子は、体調が優れないと言っては休みがちであり、授業への関心は薄く、所属していた部活動もサボリがちとなっていた。前年度までのＣ子は、運動部の練習に積極的に参加し、体育の授業ではリーダー的役割を果たしていたが、進級してから服装などの乱れが顕著になり、何かと指導される場面が増えていた。筆者はＣ子に担任として関わったが、急に生徒指導上の問題を繰り返す彼女に「そんな生徒ではないのに」という違和感があった。また、学級でＣ子の顔つきが、非常に険しいときと笑顔を見せるときのギャップの大きさも気に懸かった。このようなＣ子の行動と心を把握することを目的として、筆者が行ったのは、無断で早退をさせないために、担任（筆者）が見当たらないときには、必ずメモを置いていくことをルールとすることを約束させたことである。
　Ｃ子の置いていく短いメモから、実際に体調を崩している可能性があることと（心身症の疑いも含めて）、足が痛いとアピールしているのは部活動に行かない言い訳を伝えたいことだと理解することができた。メモを残し早退した夜は、筆者は、電話で家庭連絡をするとともに、Ｃ子本人と話すことを原則として電話面談を繰り返した。電話では、Ｃ子の体調を心配していること、足の痛みに話題を限定して話すように心がけた。その結果、Ｃ子は、部活動の上級生との関係がうまくいっていないことや、交際している彼氏を巡ってほかの女子生徒とのトラブルがあり、学校にいることがしんどいと胸の内を明かしてくれるようになった。
　その後、Ｃ子との信頼に基づいた人間関係ができるようになると、すべての問題が解決したわけではないが、Ｃ子は、欠席日数が激減し、部活動にも見学することで練習場所に行けるようになった。
　筆者とＣ子との関わりは、受容・共感に基づいた教育相談をしていくことで、本人自らの意思で行動変容をはかることができた事例である。本事例は、進級後の早い時期に早期対応したこと、筆者の教師としての直感と、

生徒との日常的な関わりがあったからうまくいったのである。

②極めて真面目で模範的な学校生活を送っていたＤ子

　Ｄ子は、当時、手紙から推察できるように、かなり精神的に追い込まれている状況であった。手紙をくれた日にＤ子は、予告通り早退をした。筆者は、放課後、家庭に連絡を入れ、電話でＤ子の思いを伝えるとともに、あらためて学校で親子面談をすることを提案した。

　翌日、夫婦に伴われたＤ子が放課後の教室に現れた。Ｄ子の保護者は学校に対して、大変協力的な夫婦であった。筆者は、親に、Ｄ子がいじめにあって苦しんでいること、学校には来たくないという強い思いがあることを本人同席のもとに確認した。いじめについては、筆者も気づいていないことだったので、本人に語ってもらうことにした。本人に言わせるようにしたのは、Ｄ子がすでに親に話していることが分かっているからである。

　いじめは、学級内の男子生徒から体型のことをからかわれたという内容であった。筆者はこの事態を真摯に受け止め、早急に加害男子への指導及び学級指導を行うことを約束した（翌日、名前の出た男子生徒２名に事情を聞くと行為を認めたので、すぐに家庭訪問をして男子生徒の保護者に状況説明をしたところ、その日の内に親子でＤ子の家に謝罪に行った。男子生徒は精神的に大変幼く、悪意はなかったが、Ｄ子を傷つけたことが分かるように説諭することで、いじめの再発を防ぐことができた）。

　筆者は、Ｄ子が疲れ切っていることを保護者に理解させ、本人が元気になるまで休養をとるという意味で休むことは決して悪くないことを話した。結果的には、Ｄ子の気持ちが安定するまで様子を見ることで親子ともに同意した。その日から数日欠席をしたＤ子であったが、勉強の遅れを気にかけ、受験のときに欠席日数が多いと不利になると考えたらしく、翌週から出席するようになった。その後は、Ｄ子の仲のよい女子グループ生徒の協力的な関わりもあり、Ｄ子周囲の人間関係環境に配慮しながら経過を見守ることにしたが、以後、Ｄ子が学校を拒否することはなかった。

　本事例のポイントは、親との関係が面談を通して好転したことと、Ｄ子が苦にしている要因（男子生徒のからかい＝いじめ）を無くしたことにある。

③中学校に入学後、学級に入ることは一度もなかったE子

　筆者が担任することになったE子は、教室に近づくと身体に症状が出たので、校内の相談室に適応指導教室的に通うことになっていた。相談室には、時間のあるときに不定期に行くことにしていたが、本事例の手紙はその時に渡されたものである。E子には、教室には行きたくても行けないという葛藤が見られたが、特定の女子生徒との間にはある程度の人間関係が生まれつつあるように感じられた。教室復帰に向けての道筋が見えてきたように感じていたが、その後、家庭の都合で転校することになってしまった。転居の詳細な事情は省くが、母子保護のための急な展開であった。転校先の担当者に、E子の指導上の配慮事項やこれまでの経緯を伝えることはしたが、その後の消息は不明である。

　本事例は、適応指導教室的な居場所を例外的に校内に設けることができたために、登校できるようになったケースである。その際、そのための教室確保や人的確保は、管理職のリーダーシップに負うところが大きい。

## 3　教師が行う教育相談の課題

　教師が行う教育相談は、相談の専門家ではない教師が相談者である児童生徒と日常の学校生活をともにしていることによる難しさがある。というのは、教育相談（面談）を行う際、それまでの人間関係が影響してしまうからである。また、担任教師が問題行動に対する教育相談を行う場合には、指導的な立場と相談的な立場という、二律背反的な役割を同時に担うことが求められる。この課題を解決するためには、教師が1人で抱え込まずに、1人の生徒に対する組織的支援を構築して、役割分担をしながら適切に関わっていくことが不可欠である。

注

※1　文部科学省『中学校学習指導要領解説（特別活動編）』ぎょうせい、平成20年。
※2　文部科学省『生徒指導提要』教育出版、平成20年3月。
※3　文部科学省　教育相談等に関する調査研究協力者会議「児童生徒の教育相談の充実について―生き生きとした子どもを育てる相談体制づくり―（報告）」平成19年7月。参照日2012年8月29日。

http://www.mext.go.jp/a_menu/shotou/seitoshidou/kyouiku/houkoku/07082308.htm
※4　上掲書。
※5　1994年11月27日、愛知県西尾市立東部中学校2年の男子生徒（当時13歳）が、自宅裏の柿の木で首を吊って死んでいるのを母親に発見された。通称「大河内清輝くんいじめ自殺事件」。
※6　文部科学省『生徒指導提要』。
※7　上掲書。
※8　生徒"やすらぎ"の場の保証は、O.F.ボルノウの言う「新たな被包感」に通じるものがある。O.F.ボルノウ／森昭・岡田渥美訳『教育を支えるもの』黎明書房、2006年、57－66頁。

入門 臨床教育学 | 第3章

# 専門機関が行う
# 不登校児童生徒への支援
―適応指導教室における「心の居場所づくり」
と集団活動―

Klinische Pedagogiek

## 不登校への取り組み

　不登校の問題に対しては、学校での取り組み、保護者への支援、児童生徒に関わる支援など、児童生徒を中心に据え、いろいろな機関が連携することが大切である。京都市のここ20年間の取り組みを、専門機関に関わってきた者として、その歴史的経過を踏まえて不登校に対する取り組みを考えてみる。

　不登校については、「学校に行けない」という状況を、当該の児童生徒に関わる大人がどのように捉え、そして、どのように連携して取り組みを進めるのかが重要なポイントになってくる。不登校児童生徒支援の専門機関の使命としては、児童生徒の"学校以外の居場所づくり"というハード面と、児童生徒の健全なる心の成長を願っての人的資源の整備というソフト面の構築が大きな課題である。

　京都市では、行政職・専門職としてのカウンセラー、教育現場の経験者、学生ボランティアなど、様々な立場の者が知恵を出し合い、不登校支援の形をより良きものにしたいとの思いで歩んできた。現在の京都市の不登校児童生徒への支援システムは、長年にわたるいろいろな試行実践をベース

にでき上がったものである。つまり、これまでこの支援システムに関わった人々が、日々子どもたちの実態や様子を大切にしながら、生じてくる一つひとつの困難なことを解決していった実践過程は、現在のハード面の整備とソフトの充実を目指しての歩みであったともいえる。

本章では、はじめに、筆者が「相談課」のカウンセラーとして関わり、コーディネートにも関わってきた適応指導教室の変遷について述べ、次に「京都市教育相談総合センター」カウンセラーとして関わった、京都市の不登校対策、活動のあり方、子どもの様子の変遷についてふり返ってみたい。

## 適応指導教室「ふれあい教室」の開設から移転まで

### 1　開設にいたる経緯

京都市は、臨床心理学の盛んであった京都大学の影響を受け、昭和20年代から学校教育にカウンセリングの考え方を導入し、教育研究所において教育相談活動を始めた。昭和38年には全国に先駆けて、「カウンセリングセンター」が設立され、ここに元文化庁長官であった故河合隼雄氏をはじめとして、現在も活躍されている著名な先生方をカウンセラーとして迎え、相談活動が行われることになった。

昭和61年、この「カウンセリングセンター」は「相談課」と名称を変えて、廃校になった小学校を改築した、鉄筋4階建て「京都市永松記念教育センター」の2階で、相談業務に当たることになった。カウンセリングの主訴が毎年「不登校」が占めるようになった平成4年、京都市では、全国に先駆けて「学校不適応対策総合推進事業」として適応指導教室「ふれあい教室」を開設し、これを学校と家庭の中間的な存在として位置づけた。

### 2　「ふれあい教室」（適応指導教室）開設当初から移転前まで

（1）開設当時の概要

開設当初、「ふれあい教室」の管轄は「相談課」にあり、"相談課カウンセラー兼不登校専任カウンセラー" 1名、"退職校長" 3名がスタッフとなり、不登校児童生徒の「学校復帰」「学校生活への適応を図る」ことを

目標に指導に当たった。

　入級に際しては、「相談課」カウンセラーと「ふれあい教室」を担当する不登校専門カウンセラーが、カウンセリングや、見学時の様子を考慮しながら検討していった。同じフロアーに「相談課」と「ふれあい教室」があったことは、連携が取りやすく、授業の間にカウンセリングに通うこともスムーズにでき大きなメリットとなっていた。

　年々増加し続ける不登校児童生徒すべてを対象とすることは困難であるため、「ふれあい教室」では、［いじめなど学校生活が起因となって不登校になっている子ども・心理的な情緒不安定・混乱などが要因となっている子ども達］を対象とし、［心の居場所］となることを目指した。

　文部科学省の分類「不安など情緒的混乱の型」に入る子どもたちは、「人がたくさんいるところが怖い・人間関係がわずらわしい・存在を否定されるのが怖い・傷つくのが怖い」などの思いから、人間関係を拒否して閉じこもってしまうことが多い。そのような子どもたちの心の安定をはかるためには、カウンセリングに通うことは有効である。というのは、カウンセリングでは、自分のためだけの"守られた時間""守られた空間"でカウンセラーと心を通わすことができ、1対1の関係が安定してくると、「ほかの人とも接してみたい、ほかの子どもと一緒に活動してみたい」というエネルギーが出てくるからである。しかし、不登校児童生徒が、カウンセリングに通い、自分に対する自信や存在感を取り戻していったとしても、すぐに同年齢の子どもがたくさんいる"学校"という場所に入るということは容易なことではない。そのような『不登校の回復期にあたり活動のレベルは回復してきたが、まだ学校へ行くのは難しいという時期』の子どもたちが、小集団で活動できる場所が「ふれあい教室」であった。人間関係の結び直しを課題とする子どもとのカウンセリングの中で、子どもが小集団活動が望ましいと思われるようになったときに、紹介することができる場ができたことはカウンセラーにとっても喜ばしいことであった。

　当時の「ふれあい教室」は「教育センター」内にあるということから、他の教職員の研修に差し障りのないよう、小さな1室だけを使用していたため、活動としては"教科の学習"を主としていた。

不登校状態から学校復帰をしようとするときに超えなければいけないハードルの1つは、"学習の遅れの補充"である。当時、全国適応教室交流会などでは、どこの教室からも「学習面をどのように定着させるかということが課題である」と報告されていた。そのようなときに、この教室では、学習の遅れを取り戻すことに主力が置かれ、[月・火・木・金曜日の午前中2時間教科学習]というプログラムが組まれていた。子どもたちはカウンセリングで内的エネルギーが高まり、学習意欲も向上してきたちょうどその時期に、学習の指導を得意とするスタッフに相談したり指導を受けたりすることがいつでもできるという、実に恵まれた環境で勉強を楽しむことができるようになった。

ただ、巷には「ふれあい教室」は、「学校に行っていない子どもに勉強を教えてくれる『塾』」のように伝わったようで、「子どもに勉強を教えてほしい」という申し込みが増えてきた。このことは、"学習"を媒介として"人間関係を築き直すための小集団活動"を目指していたスタッフにとっては、残念なことではあった。

そういった情勢の中で、「ふれあい教室」は、徐々に30名を超える大集団になり、子どもたちが狭い部屋一杯になって教科学習をする様子は、とても「小集団」とはいえない状態となってしまった。しかし、このように大集団になってしまった場所でも、子どもたちにとって安心できる場になっていると感じられることもあった。すなわち、他の人たちと交わることが苦手な子どもたちは、始めのうちは、大勢の知らない子どもたちと黙ったまま勉強していたのだが、そのうちに"気の合う子を見つけ出す""帰る間際に話をする""学習後残ってトランプをする"など、勉強以外の時間を楽しむ様子が見られるようになったのである。

やがて、子どもたちに元気が戻ってくると、子どもたちがセンター内を歩くときに、おしゃべりをしたり、走り回ったりすることも増えてきた。スタッフはそのような子どもたちの成長ぶりを喜びながらも、子どもたちが自分に対して自信を取り戻し、人間関係を築き直していくためには、現在のように、1つの部屋で教科の学習をするだけでなく、もっと幅広い活動ができる場所が必要であることを痛感していた。

（2）体験活動の導入（平成9年から）

　子どもたちの"対人関係スキルの向上""自主性・自立性の育成""自信の回復"などを目指すため、平成9年からは、施設内の他の部屋も、空き時間に利用することが可能となった。プログラムも"京都の町散策""専門家の講師による陶芸教室への参加"など、外へ出かける活動に加えて、"週1回、体育館でのスポーツ""家庭科室を借りての調理実習"や"イラスト""マジック""音楽"など、いくつかのクラブ的な活動内容も入れられるようになった。このように活動に幅を持たせるに従い、"子どもたちの表情が明るくなり、笑顔も増えてきた""今まで接したことのない子どもと一緒に話をしている""終了後ゲームを一緒にしている"など、子どもたちが自主的に対人関係を広げている様子も見られるようになり、スタッフは、部屋やプログラムの拡充の効果の大きいことを実感していた。

　しかし、"教職員の研修のための教育センター"は、子どもたちが館内を自由に使える場所ではない。学習以外の活動が増えるにつれ、子どもたちの増大していくエネルギーは、時として他の研修を阻害することもあり、「ふれあい教室」スタッフは、それらに対する配慮をしなくてはならなくなった。また、子どもの「研修に来られた先生から声をかけられてどきどきした」「また出会うのではないかと、いつもびくびくしている」などの声にも、対応する必要に迫られていた。

（3）廃校中学での体験活動の試行（平成12年以降）

　「ふれあい教室」に通うようになった子どもたちが、いつも他人の目を気にしている状態では、『心の居場所』となる物理的空間としては、現在の場所は充分とはいえない。活動場所を教育センター以外で探しているなかで、平成11年2学期以降廃校になった初音中学校舎の一部と運動場を借りることができるようになった。そこで、子どもたちは週2回センターに集合し、旧初音中学校へ出かけ活動するということを試行的に実施した。また、同時に「ふれあいアシスタント」と名付けた臨床心理学専攻の学生ボランティアが、5人ほどこれに参加することになった。

　アシスタントには、元気がなくて部屋にいる子どもの傍で話を聴いたり、一緒に運動場や体育館で思いっきり遊んだり、スポーツをしたりすること

をお願いした。アシスタントは、その日の活動が終わると、学生の担当となっているわれわれと共に、子どもたちの様子を話し合い、子どもの理解を深めながら、次の活動への手がかりを模索していった。自分たちと年齢の近いお兄さんお姉さんが、一緒に寄り添い活動してくれるということは、子どもたちにとってずいぶん心の支えとなったようで、子ども同士の交流も自然に持てるようになり、子どもたちが楽しく過ごしている姿がよく見られるようになった。

　子どもたちが、自分らしさを取り戻し、心的エネルギーを向上させて集団の中に入っていくことを学ぶためには、まず他人に気兼ねすることなくのびのびとリラックスできる"スペース"と"人"が、「居場所」として必要だということを子どもたちの様子から強く感じた。

## 3　適応指導教室「ふれあいの杜」（平成12年から平成14年）
### (1) 新たな適応教室における活動内容の変更

　平成12年から、「ふれあい教室」は"生徒指導課"が管轄することになり、旧校舎・運動場全体を使用する「ふれあいの杜」に発展した。このことによって、子どもたちの心理的安定をはかり、自主的な行動を育むために望んでいた物理的な面でニーズが満たされることになったのである。さらに全市の学校に対して、「ふれあいの杜」の位置づけを「学校の長い廊下を渡って通う学校の別室」として紹介し、学校を子どもたちが戻れる場所とするための取り組みを生徒指導主事が直接指導・助言する、ということも行われるようになっていった。また、「ふれあいの杜」の活動内容については、新たな人間関係を築こうとする子どもたちが、自立心に富み生き生きとした生活が送れることを願って、いくつかの変更を試みた。

　不登校状態にある子どもたちの中には、家を出るときにほかの子たちに出会うことを極端に嫌がる子どもが多い。そのことを踏まえて「ふれあいの杜」では、その時間を避けて9時～10時頃までに来所することにしてある。前年度までは、教室に着いてからの午前中は、教科学習をしていたが、この年からまったく逆にし、午前中はまずリラックスして過ごし、午後に教科学習をするように変更した。学校現場と違う1日の流れになるという

ことで、「午前中に遊んでしまったら、午後勉強する気が残らないのではないか」「午後から帰ってしまう子がいるのではないか」などの危惧の声もあったが、いざ始まってみると、前年度まで午前中の学習が終わりそうな時間になって、やっと来ていた子どもたちの出足が早くなってきた。この「ふれあいの杜」でも、アシスタントが子どもたちを出迎え、午後の教科学習に入るまでの時間を、子どもたちの動きに合わせながら一緒に活動していくこととなった。さらに前年までは交流が無かった小・中学生が、自由時間に一緒に遊ぶことになり、子どもたちは柔らかくリラックスできる雰囲気の中で、異年齢の子どもと過ごすよさも体験していた。そして、午前中しっかり遊んだ子どもたちが、午後にはそれぞれの部屋で、自分の学習進度に合わせて自習をしたり、先生方の指導を受けたりして、落ち着いた様子を見せ始めた。

（2）新たに直面した精神的圧迫に対して、さらなる体験活動の導入

こうして子どもたちがリラックスして広い運動場で遊び、ゆったりした関係を持つことができるようになってきた平成13年頃より、その場所が新しい施設に建て直される、という喜ばしい方向に向かうことになった。しかし、残念なことに遺跡の発掘などの事情で、運動場が使えないという事態が長期間続くことになってしまった。運動場でエネルギーを充填・発散させることによってバランスをとり、それによって元気とやる気を出していた子どもたちが、部屋の中にいることを余儀なくさせられるようになってしまったのである。すると、子どもたちの間で多くの諍いが起きるようになった。「下の学年の子が、上の学年の子どもに偉そうに言った」ということから、仲間はずしがあったり、女子と男子が対立してきたりなど、相互に牽制し合うようなことも出てきたのである。

不登校気味の子どもたちは、学校の休み時間が苦手である。他人とのように接するかということが常に気になり、身動きできなくなるからである。しかしながら、この「ふれあいの杜」では1日の大半、生徒たちは自主的に活動することになっているため、必然的に他人と接する機会が多くなる。他人との関わり方・距離の取り方などを学ぶという意味では、子どもたちはよく鍛えられることになるが、やはり、エネルギーの発散の場所

が無くなることは、子どもたちの精神を圧迫してしまうことになる。イライラする子どもたちが、夢中になることができる時間をどう取り入れていくかが、スタッフにとっていつも思案されることであった。そこで、講師を呼んで「陶芸教室」「和太鼓教室」「竹細工教室」「うどん作り教室」などの全体活動を取り入れたり、近くの小学校のグラウンドや、永松記念教育センターの体育館を借りてスポーツのできる場所を確保したり、日常的に木工教室・クラフト教室・手芸教室など、クラブ的な活動などの体験活動をふんだんに取り入れていくことにした。こうして、宿泊体験を実施すると、子どもたちは、仲間と暮らす中で得られた達成感や充実感を、喜びとともに語るようになっていった。

(3) 一人ひとりのホーム"ブース"方式の導入

　様々な体験にスムーズに入っていける子どもが増えていく中で、全体の活動となるといつも引っ込んでしまう、次のような子どもが目立ち始めた。"朝、ふれあいルームへ上がっては来るが、壁にじっともたれ、他の人が声をかけてくれるのを待っている子""どの部屋にも入りきれず、廊下のベンチに一人座っていて活動になかなかうまく入れない子""昨日、自分が言ったことを仲間がどう思っているのかが心配で「ふれあいの杜」に向かうのを渋りだした子"など。「このような子どもたちは、この『ふれあいの杜』でもまた学校と同じ体験をしていることになるのではないか」。「はたしてここは子どもたちの居場所となることができているのか」。状況を精査していくと、このような疑念が持ち上がり始める。これらの憂慮事項に対して対応を考え直した末、平成14年度からは、子どもたちを"ブース"と名付けたどこかのホームに所属する方式をとった。

　縦割りの遊び集団が少なくなった現在の地域社会では、子どもたちが自分の存在を肯定的に捉えていくことのできる場所は少なく、結局、家庭だけしかないという状況になっている。ところが、この「ふれあいの杜」へ来ている子どもたちは、家庭においての守りもあまりないということが多い。そこで、そのような子どもたちに、[ふれあいの杜の中にもう一つの家族をつくる]というイメージで、守りの場を提供するよう取り組んだのが、"ブース"方式である。年齢も異なる新しいメンバーが順に迎えら

れていく"ブース"では、家族のような関わりの中で、子どもたちが躊躇なく自分の思いを表現することができるようになった。同じ"ブース"の中では諍いも起きるが、相手の思いを受け止めて対処したり、思いやったりするという場面も見られるようになった。個人の変化だけでなく、ブースを取り入れてからは、自分を支えてもらえるという喜ばしい体験がベースとなってか、子どもたちの調理実習や全体での活動への参加意欲も高くなっていったのである。

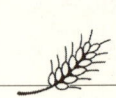

## 「京都市教育相談総合センター」の開設と京都市の不登校対策

### 1 「不登校」状態にある子どもの居場所

「ふれあいの杜」は、不登校状態にある子どもたちにとって、まず心の安定をはかることができる場所であることが望まれるが、同時にそこが居心地よすぎてとどまってしまうのではなく、学校及び社会生活へ晴れやかに巣立っていくことのできる場所であることを目指していた。しかし「不登校」といっても、子どもの抱える問題は「学級集団になかなか入れない」「友人・教師とのトラブルがある」「複雑な家庭環境の中で暴力・自傷行為が見られる」「摂食障害を伴うような身体症状や強迫症状を伴っている」など様々であり、子どもの様態もそれぞれ異なっている。また近年は、発達の特性のために、まわりとの関係がうまくいかず学校を休む、という2次的な障害としての不登校で、学校復帰が困難なケースも増えてきている。

様々な事情の中で「学校へ行かなければならないのに行けない」という思いを抱えている子どもたちは、自分に対して罪悪感を持っていたり、自分のことを否定的に捉えたりして、自信を失くしている。自分のことがどう思われているかばかり気にしている子にとって、他人は怖い存在であり、かりに誰かが笑顔で対処したとしても、子どもは心を開くことなどできない。このような子どもにとって、他の子どもたちと一緒の場で自主性を発揮し、生き生きと活動するというようなことは程遠いことなのである。このような子どもは、一度立ち直ったかのように見えても、また欠席することになって長引くケースや、病態が悪化していくケースも珍しくはない。

このように、背景や要因も簡単に絞れない多くの子どもたちが、学校に居場所がないと感じているということは、社会の問題としての対策が急務であることを示している。

## 2 「京都市教育相談総合センター（こども相談センターパトナ）」の役割

「京都市教育相談総合センター（こどもパトナ）」は、まさにこのような問題を含め、不登校に関する中枢センターとしての機能も持つ京都市全体の相談機関として平成15年に開設された。

「こどもパトナ」は、『生徒指導』『カウンセリング（教育相談）』『ふれあいの杜（不登校の子どもたちの学びと活動の場）』を物理的に一体化し、各部署がそれぞれの機能を担いながら、互いに協働することにより、子どもへの効果的な支援の実現を目指すことになった。ここへ移転してからすでに10年が経過したが、この総合により、学校や他機関との連携、生徒指導課とカウンセリングセンターとの連携、また「ふれあいの杜」に通う子どもたちの本来校との連携もスムーズに行われるようになった。

『カウンセリング』に関しては、「相談課」以前の「カウンセリングセンター」では、"心理的・身体的問題"についての訴えが多かったが、現在の「カウンセリングセンター」における相談主訴では、"不登校"が半数を超える状態が続いている。このような傾向を踏まえて、学校への支援や様々な健全育成事業を行っている『生徒指導課』は、開設から現在までの10年間に「ふれあいの杜」の運営も含め、次のように不登校対策事業を拡大してきた。

- 「ふれあいの杜」学習室の増室・運営　　●学生ボランティアの活用
- 不登校の子どものための中学校「洛風中学校」「洛友中学校」の開設
- スクールカウンセラーの配置・スクールソーシャルワーカーの配置
- フリースクールとの連携　　●ＩＣＴを活用した学習支援事業　　など

事業の拡大により、不登校状態の子どもたちが活動できる場も増えた平成19年１月、一人ひとりの子どもに適切な場所を相談・検討する窓口とし

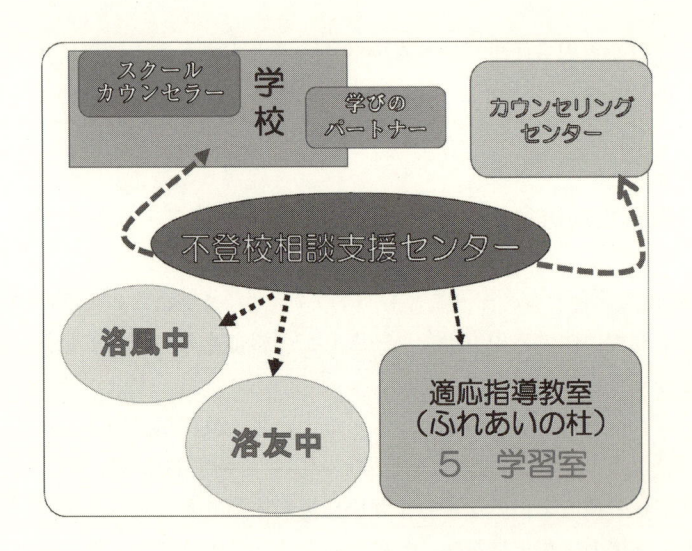

て、「ふれあいの杜」を中心に生徒指導課が事務局となり、カウンセリングセンターなどが連携する内部機関として、「不登校相談支援センター」が設けられた。このセンターでは個々の子どもたちが持つ事情を総合的に勘案しながら、不登校の状況や様態［Ⓐ他の子どもとの接触が難しい（家からも出られない）　Ⓑ同年齢の子どもたちとのふれあう場を求めている　Ⓒ学校に時々行く　Ⓓ元の学校には戻れないが中学校生活を望んでいる、等］に応じて、子ども各人の能力をより発揮できる居場所・適切な活動場所を提供できるよう相談を進めている。

## 3　子どもの様態に応じた居場所の提供

　以前は、カウンセリングを受けている子どもが、適応指導教室へ来ることになっていたが、現在は、不登校児童を持つ保護者からの申し込みを受けた学校が、不登校相談支援センターに申し込むことになっている。センターでは、申し込みがあった学校と連携を取った後、保護者・本人より、不登校になった時期・きっかけ・本人の特性などの面接を行っている。そして、センターでは、その後、何回かのセンターでの活動の様子やそこから見受けられる心理的な状態から、どのような支援が適当であるかを検討

し、以下のような場所を提案している。
（1）他の子どもとの接触が難しい子の居場所
　"学校から申し込む"という流れになった現在は、カウンセリングに通ったことのないケースも多くなったが、心理的安定をはかるためにやはり継続的な相談場所の必要性を感じる場合も多い。不登校気味の子どもを持つ保護者には、早く皆と同じように学校へ行ってほしいという願いがあるため、本人がまだ動くことが難しい場合や、対人恐怖がひどいような場合でも、なんとか集団の場に入れたいと焦って、不登校相談支援センターに来所することがある。このようなケースでは、子どもが面接にも来ることもできない状態であることが分かった場合には、もう少し子どものエネルギーが高まってくるまで時間が必要なことを話し、心理的安定や家族の力動をはかるために、保護者の方だけでもカウンセリングセンターに通うことを提案している。

　カウンセリングセンターでは、臨床心理士や教員出身者による教育相談（カウンセリング）を行っており、子どもが相談に来られる状態になれば週1回1時間を最多として継続した面接を行っている。しかし、時には、保護者が面接に通うようになっても、子どもが引きこもってしまい、まったく家から出られない場合もある。

　そのような保護者からの希望があるときには、家庭で子どもと一緒に活動する学生ボランティア「ハートケア」を1週間に1時間派遣し、カウンセラーが毎回指導しながら、子どもの気持ちの回復をはかり、相談や活動、また学校に向かうことを支援している。

（2）同年齢の子どもたちとのふれあう場を求めている子のために
　家に引きこもりの状態から、他の子どもと一緒に活動したいという意欲が出てきたときの活動場所としては、「ふれあいの杜学習室」を利用することができる。ただ、こういった子どもたちは2人のときにはうまく話ができるが、3人以上になると、とたんに関係がギクシャクし始め、大きな集団にはなかなか適応できないものである。そこで、多数の申し込みに対応できるように、「ふれあいの杜学習室」も5ヶ所に増設し、活動内容に次のような特色を持たせた。

①「やっと家から出て頑張ろうとしたものの、まだ、他の子どもたちと一緒に活動することにしんどさを感じている子どもに対して設けられた学習室（ここではスタッフとの１対１の関係から始め、徐々に他の子どもたちと活動できる時間を増やしていく）
②人間関係でのつまずきから、友だちとの新たな出会いを望んでいる子どもに対して設けられた、活動を中心とする学習室
③学校へ行こうとしても行くことができないけれど、学習の遅れが気になっている子どもや、中学３年生で受験を控えていて勉強したい子どもに対して設けられた、教科学習を主にする学習室

　子どもたちは、それぞれの状態や特性に応じた学習室に通い、学習・他の子たちとのおしゃべり・作業・活動などを体験しながら、元気を取り戻していくことができるようになった。「長い廊下でつながった別室」でテストを受けることもでき、自信がつくと、学校の別室や教室でのテスト受験が可能になってくるケースも増加傾向にある。

（３）学校に時々行く子の居場所〈別室登校〉
　人との交流にも自信がつくと、子どもは学校に戻れるようになるが、校門をくぐることさえできない子どもや人間関係のことで悩んでいる子どもたちにとっては、最初から教室に戻ることは難しい。京都市では現在、スクールカウンセラー（臨床心理士、以下SCと略）を中・高・支援・小学校の計148校に派遣し、個別の相談、教職員のコンサルテーション、研修を行っている。ＳＣは活動日数が限られており、コンサルテーションだけでも時間が足りないほどであるが、保護者の相談申し出は後を絶たず、フル回転で活動している。ただ、学校内にいるＳＣには、他の人の目が気になるから相談しにくい、という話はよく聞く。
　教室以外の部屋に通えるようになった子どもでも、他の子どもたちがまだ登校してこない時間にそっと部屋に入ったり、他の子どもたちが帰る時間より先に部屋を出たり、人に会わないように１日中気を張ったまま過ごしている。そんな子どもが別室に通いやすいように、子どもと一緒に学習

や話をしてくれる学生ボランティア"学びのパートナー"を派遣することになり、「学びのパートナーが来てくれる日は、学校へ行けば、学びのパートナーが待っていてくれるから、しんどくても頑張って登校する」と別室へ通うことを嬉しそうに語ってくれた子どももいた。別室や放課後登校から、他の子どもがいる授業でも過ごすことができるようになるためには、まず、学校の中での本人に対する配慮を欠かすことができない。

（4）元の学校には戻れないが、中学校生活を望んでいる子どもの居場所

　学校生活に復帰したいが、元の学校に戻れない子どもは、他の学校への転校が考えられるが、京都市では不登校の子どもたちが原籍校から転校して学べる「洛風中学」（平成16年開設）、「洛友中学」（平成19年開設）を設置し、子どもたちの選択肢が増えることになった。現籍校には戻れないが、中学校生活を送りたい、学びたい、という意欲を持った生徒は、ここに転校することで、学習の進み具合に応じて学ぶ機会を得ることが可能になった。

　これらの中学校では、個々の子どもの様態に配慮した独自のプログラムにより、学校生活を過ごすため、多くの子どもたちが高校進学など、社会につながる力を得ている。そのため、最近はこれらの中学への入学を希望するケースが増えてきている。また、転学の時期を過ぎてしまった場合には、転学できるまでの期間をどのように過ごすかを相談し、当該の子どもには「ふれあいの杜」での活動に参加することによって、エネルギーを蓄えることを提案している。

## 4　子どもたちの成長と支援

　子どもたちが通う「別室」「ふれあいの杜」「洛風中学」には、通常のスタッフのほかに学生スタッフにも入ってもらっている。苦しい思いをじっと抱えていた不登校の子どもは、自分と年齢の近い人が自分に心を寄せてくれ、自分の興味に合わせて側にいてくれるので、やがて凍っていた心が溶け出すように自分のことを話せるようになることが多かった。

　子どもは、自分のことを分かってくれる人がいて初めて心がほぐれ、ほっと安心することができるようである。そして、しっかり受け止めてもらえ

る心強さから、子どもは、自分への自信を回復し、次の一歩を踏み出すエネルギーが蓄えられる。ここに至ってはじめて、子どもは自分と他の人との関係を修復していくことが可能になるようである。

　入級時に対人関係に緊張感を持っていた子どもたちでも、入級後は刻々と成長する。時には、非常におとなしく自己否定的であった子どもが、自信を持ってくるにつれ、交友関係が広がったのはよいが、いきすぎて、「遊び型」になってしまったこともあった。スタッフとしては、子どもが自分を表現する自由を得ていく成長を喜びながらも、他方で下手をすると解放されすぎてしまいかねない子どもの心の微妙な変化を敏感に感じ取る力を必要とされる指導の難しさも感じるところである。

　先の「ブース」を取り入れたときのことである。いつもは古い教室をカーテンで仕切っただけの自分の"ブース"で、スタッフや他の子どもと話したり遊んだりしている子どもが、「ちょっといいですか」と、隣と仕切ってあるカーテンを開けて声をかけ顔を覗かせることがあった。この時には、まるで一つの家族の子どもが隣家の子どもを訪ねているような、温かく落ち着いた雰囲気に驚いたものである。落ち着く自分の場所があり、自分を待っていて話を聞いてくれる人がいる、ということからくる安心感や安定感は、子どもに存在感や帰属感をももたらすもので子どもは、それらに支えられて、集団での活動にも参加することができたと考えられる。

## 「心の居場所」をつくるということ

　"不登校"は、単に学校へ行くようになったら解決という問題ではない。どのような様態の不登校の子どもも"自分がどういう存在なのか""いかに生きるか"という大きなテーマを抱えながら、不安や緊張の中でさまよっている。しかし、不登校の子どもでも、大人が子どもたちと近いところに居て、子どもの心の状態や課題に関心を寄せ、「心の居場所」をつくってやることによって、子どもたちは不安定な不登校状態を脱して内面的な成長を遂げていくのである。

　自己肯定感が低くなってきている不登校状態の子どもの内なる力を呼び

起こすためには、まず、安心感が持てる人との関係が必要である。子どもは、安心感・安定感がベースにあれば、試行錯誤を繰り返しながらも自己表現・自己決定ができるようになり、仲間との関係も「なんとかやっていけている」という実感に支えられながら自信を培っていくことができるのである。

　筆者は、これまでの不登校児童生徒の支援活動において、学校現場で実践している教職員の方々、実際にわが子が「不登校状態」になったことで悩んでいる保護者の方々、心の問題での専門家であるカウンセラーの方々、何か自分にできることはないかと積極的に活動してくれる学生ボランティアの方々と、思いを一つにしながら歩むことができた。不登校は、学校だけの問題として捉えるのではなく、関係する者が相互に連携して歩むことが大切であることをあらためて感じている。

　筆者のように不登校の専門機関にいると、ほんの2・3日前からの欠席でも「子どもが不登校です。カウンセリングをお願いします」と申し込まれる場面に少なからず出くわす。このようなことがある度に、現在では、家庭、学校、地域において子どもを支える人間関係がなくなっていることを痛感する。このように、人との関わりが希薄になった今の社会に育つ子どもたちには、ぜひ"自分を受け入れてもらえるところがある"という体験をさせてあげたいと心から思う。わけても、不登校気味の子どもたちが、適切な支援によって「心の居場所」を得、友だちとの関係において、そして社会において、自信を持って生きていく力を育んでいってくれることを筆者は願ってやまない。

入門 臨床教育学 | 第4章

# 発達障害の子どもへの支援

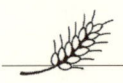

Klinische Pedagogiek

## 発達に課題を抱えた子どもたち

　現在、学校教育現場おいては、発達に課題を抱えた子どもたちへの適切な支援はどうあるべきかが大きな問題となっている。すなわち、とくに知的な発達の遅れがないのに、「特定の学習についていけない」「落ち着きがなくじっとしていられない」「自分勝手な行動が多く、まわりの子どもとトラブルが絶えない」といった子どもたちに、多くの教員がどう対応したらよいのか、と戸惑っているのである。

　このような気になる子どもたちの様子は、中枢神経系の何らかの機能障害や機能不全を背景とした、学習面や行動面、対人関係などの特徴的なつまずきに起因したものであると考えられている。このことに気づき、理解を深めることが、私たち大人に課せられた支援の第一歩である。

　2006年の学校教育法などの一部改正に伴い、翌2007年4月1日から、従前の特殊教育は特別支援教育へと大きく転換されることとなった。この特別支援教育では、これまでの特殊教育の対象児に加え、学習障害（LD：Learning Disabilitiesの略、以下LDと記す）や注意欠陥多動性障害（ADHD：Attention-Deficit / Hyperactivity Disorderの略、以下ADHDと記す）などの発達障害の児童生徒も対象とし、個に応じた具体的な教育的支援を行う責任が課せられた。そして、この特殊教育から特別支援教育への転換は、

第4章　発達障害の子どもへの支援

単なる看板の掛け替えではなく、一人ひとりの子どもの発達的な課題に応える教育を目指す、という意味においても、わが国における21世紀最大の教育改革と言っても過言ではない。

## 発達障害とは

医学領域では発達障害を、「乳児期・幼児期から青年期にかけて生物学的原因（遺伝・体質・脳機能の異常）によって発生する、『心身の発達に関する問題と障害』である」と定義づけている。知的障害、脳性マヒ、てんかん、広汎性発達障害、LD、ADHDなどが、これに相当する。

一方、教育や福祉の領域では、発達障害を発達障害者支援法（2004年12月：主に発達障害児の早期発見と発達支援を行うことを目的とする法律）の定義によるものとしている。

その範囲は、自閉症、アスペルガー症候群、その他の広汎性発達障害、LD、ADHD、その他これに類する脳機能の障害であって、その症状が通常低年齢において発現するものとして政令で定めるもの（2条）とされている。後者の定義を換言するならば、発達障害とは、子どもが成長していく過程において、普通なら自然に得られるはずの諸能力が、何らかの原因によって脳の機能障害もしくは機能不全を引き起こし、その結果として学習面や行動面で著しい困難が生じることであると言えよう。

本章では、この後者の定義をもとに、発達に課題を抱える子どもの支援のあり方を探っていくこととする。

## 特別な支援を要する児童生徒の実態

2002年10月、文部科学省は、通常学級における特別な支援を要する児童生徒に関する実態調査を行った。全国の5つの地域で、公立小中学校の通常学級に在籍する児童生徒の2.5％に当たる41,579人を対象として、学級担任、教務主任などの複数の教員に判断、回答を求めたものである。主な結果の一つが表1である。

★表1　通常の学級に在籍する特別な教育支援を必要とする児童生徒に関する調査結果
(文部科学省、2003)

> 知的発達に遅れはないものの学習面や行動面で著しい困難を示す児童生徒の割合
> ◎聞く、話す、読む、書く、計算する又は推論するのに著しい困難を示す　4.5%
> ◎不注意または多動性、衝動性の問題を著しく示す　2.5%
> ◎対人関係やこだわり等の問題を示す　0.8%
> 　※　学習面か行動面で著しい困難を示す　6.3%

　調査の結果から、知的発達に遅れはないものの、学習面の領域、聞く・話す・読む・書く・計算する、または推論するなどに著しい困難を示す、いわゆるLDの特徴を示す児童生徒、行動面の領域で、不注意、または多動性、衝動性など、ADHDの特徴を示す児童生徒や、対人関係やこだわりなどの問題など、高機能自閉症やアスペルガー症候群の特徴を示す児童生徒の存在が浮き彫りとなった。
　この調査は、医師による診断の結果ではないが、学習面もしくは行動面で著しい困難を示す児童生徒の割合が、なんと6.3%に達するという憂慮すべき事実を、私たちは重く受け止めなければならない。これらの児童生徒は、発達障害と断定できないものの、発達に偏りがあることは明らかで、これらの児童生徒に対する支援のあり方が、特別支援教育の展開の中で追求されるべきであろう。

## 発達障害の理解

　発達に課題を抱える子ども、とりわけ発達障害のある子どもに対する支援の中で最も重要なことは、一人ひとりの子どもを正しく理解することである。すべては、正しい理解から始まると言っても過言ではない。

### 1　学習障害（LD）
（1）LDの定義
　LDは、1990年、「学習障害児に対する指導について（報告）」（文部省

の中で、次のように定義されている。

「学習障害とは、基本的には全般的な知的発達には遅れはないが、聞く、話す、読む、書く、計算する又は推論する能力のうち特定のものの習得と使用に著しい困難を示す様々な状態を指すものである。学習障害はその原因として、中枢神経系に何らかの機能障害があると推定されるが、視覚障害、聴覚障害、知的障害、情緒障害などの障害や、環境的な要因が直接の原因となるものではない」

以上の定義を要約すると、LDは知的障害ではなく、とりわけ国語と算数（数学）の能力のうち一部の習得と使用に極めて苦手なものがある。そして、その原因は、脳の機能面にあり、他の感覚障害が原因ではなく、ましてや養育などの環境的なものも原因ではない。

(2) LD児が示す困難さ

LD児が示す困難は、上記の定義にあるように、聞く、話す、読む、書く、計算する、または推論することに困難があるということであるが、これはおよそ各種の認知の障害によるものであると捉えることができる。以下、聴覚系の認知の困難、視知覚の認知の困難及び社会的知覚や身体知覚の問題について解説する。

まず聴覚系の認知の困難とは、聴覚障害ではないが、聞いて理解するという聴覚による認知につまずきがあることを指す。これは、聴覚における図と地の混乱が原因となっている。「図」とは一番重要なもの、すなわち聞き取りたい音や声のことであり、「地」とは無視してよい音や声など、意識の外においてよいもののことである。具体的には、授業中の先生の声（図）が耳に届かず、運動場から聞こえる子どもたちの歓声（地）に注意が奪われ、結果として学習に集中できなくなってしまうなどである。また、聴覚系の認知に困難のある子どもは、音や声が同じ強さで聞こえてしまうことがあり、集団場面で重要な指示が聞き取れないといったことも起こりやすい。

次に、視知覚の認知の困難とは、視覚障害ではないが、目からの情報がスムーズに入らないという視知覚による認知のつまずきである。こちらも

聴覚同様、図と地の混乱が生じる。目に入る情報の中から、今、必要な情報に絞って注目する力が弱い。具体的には、授業中に黒板に書かれた内容（注目すべき図）に集中できず、教室の窓から見える子どもたちが遊ぶ光景（背景となる地）に注意が奪われ、学習に集中できなくなってしまうことなどである。併せて、空間認知において、困難が生じることも特徴としてあげられる。たとえば、ものの位置関係、上下、左右、前後、東西南北や遠近などが理解しがたい。具体的には、ロッカーの位置関係が分からない、鏡文字が見られる、算数の筆算の桁がずれる、迷子になりやすい、地図の見方が分からない、などである。

続いて社会的知覚の問題であるが、子どもたちの中には、自分とまわりの人との関係がうまく取れない、いわゆる対人関係が苦手な子どもがいる。また、その場その時の状況を把握できずに混乱してしまう子どももいる。この対人関係が苦手なことや、状況把握ができずにパニックになることによって、まわりの子どもとトラブルが絶えないということも起こりやすくなる。

最後に、身体知覚の問題であるが、これは自分の身体でありながら空間の中でどのような位置にあり、どのように動いているかが把握しにくいことを指す。言い換えれば、自分の身体の各部分をどのように動かせばどうなるということが分からないという困難である。具体的には、スキップができない、ダンスや体操など、表現運動の模倣ができない、ボール運動が苦手、動きがスムーズでない、などの特徴がある。

以上、LDの聴覚系の認知の困難、視知覚の認知の困難及び社会的知覚や身体知覚の問題について解説した。中でも、前半の聴覚系の認知の困難、視知覚の認知の困難は、LDと特定する場合の必須条件となる。しかし、後半の社会的知覚や身体知覚の問題は、LDと特定する必須条件に付随して起こることがある問題であり、これらのみで、LDと特定できるものではないということを強調しておきたい。

## 2　注意欠陥多動性障害（ADHD）
（1）定義

文部科学省（2003）によると、ADHDとは、「年齢あるいは発達に不釣り合いな注意力、及びまたは衝動性、多動性を特徴とする行動の障害で、社会的な活動や学業の機能に支障をきたすものである。また、7歳以前に現れ、その状態が継続し、中枢神経系に何らかの要因による機能不全があると推定される」[※1]と定義されている。

**（2）ADHD児が示す困難さ**

　ADHD児には、3つの行動特徴があると言われている。1つ目は、不注意で、注意力、集中力に欠け、特定のことに意識を向けてそれを持続することが苦手なことである。具体的には、計画したことを最後まで進めることができない、ものごとをパッと見て判断してしまう、などの行動が見られる。しかし、これは一見、集中力がないように見える不注意であるが、注意力が足りないのではなく、別のことに注意を向けているという指摘もある。このことを尾崎（2009）は、発達障害児が抱える被伝導性と指摘し、「周りの刺激に気付く受け身的な注意は鋭敏すぎるぐらいであり、視覚、聴覚、触覚、味覚など、身体内外から起こっている刺激にいちいち注意を奪われてしまい、無意識のうちについつい引きずられてしまう。めまぐるしく転導させられているということだ」[※2]と解説している。

　2つ目の特徴は、多動性である。ある状況場面において、社会的に不適切でかつ目的のない行動が見られることである。授業中に離席して立ち歩いたり、落ち着きがなく、絶えず誰かに話しかけているなどの行動が見られる。気の散りやすさとともに多動は、発達障害児の2大行動特性としてあげられている。同年齢の子どもと比較しても、明らかに多動傾向が顕著で、また不必要な刺激に反応し、そのことを抑制できないでいることもある。結果として、物事をじっくり考えたり慎重に何かに取り組むということが苦手である。

　最後の特徴は、衝動性である。自分が思いついたことやまわりからの刺激に対して、すぐさま反応してしまい、衝動的な言動が目立つ。たとえば、興味のあるものをすぐに触ったり、手に取ったりしたくなる。結果を考えず行動してしまい、授業中、出し抜けに答えを言ってしまうなどである。また、ルールや順番が守れないばかりか、思い通りにならないと怒り出す

こともある。

　以上、ADHDの基本的な3つの行動特徴を述べてきたが、ADHDは大きく3つのタイプに分かれると言われている。まず1つ目は、多動・衝動性優勢型と言われるタイプで、2つ目は、不注意優勢型というタイプである。3つ目は、混合型という多動・衝動性優勢型と不注意優勢型の両方を併せ持ったタイプである。最も多いのは混合型で、ADHD全体の約80％がこのタイプだと考えられている。また、男女比では、男子の方が多いということも分かっている。そして、不注意優勢型は、多動や衝動性がないため、ADHDと気づかれないことがあることも見逃せない事実である。

　以上、ADHD児が示す困難さについて述べてきた。特徴の一つである多動性は、年齢とともに消失していき、落ち着きが見られるようになることが多いが、注意力、集中力の欠如は成人になっても続くことがある。これが大人のADD（Attention-Deficit Disorder）と呼ばれるものである。いずれにしても、ADHD児はこのような特性があるため、小さい頃から叱られることが多く、その結果として自信をなくし、自尊心が低下していることがよく見られるのも特徴である。また、ADHD児の行動特性から、その保護者に向けて、しつけ不足や愛情不足が指摘されることがあるが、これもADHDの障害特性からくるものであり、決してその保護者のせいではないということを理解しておかなければならない。

## 3　広汎性発達障害（PDD:Pervasive Developmental Disorder）
（1）広汎性発達障害という用語

　広汎性発達障害という用語について、上野（2006）は、「医学用語で自閉症関連の障害を広義に指す言葉であり、広汎性とは障害された発達領域が広く、その程度が深いという意味」[※3]と解説している。

　そして、現在では、この広汎性発達障害は、その下位分類にある自閉性障害、アスペルガー症候群、特定不能の広汎性発達障害などの各障害の連続体として捉える考え方が主流となりつつあり、今後は自閉性スペクトラムという名称に統一される方向にあるという。

（2）広汎性発達障害の3つの特徴

第4章　発達障害の子どもへの支援

　この広汎性発達障害の子どもには、大きく3つの特徴があると言われる。1つ目は、社会性の困難さの問題である。すなわち、他者との交流がスムーズにいかないのが大きな特徴である。とくに知的発達に遅れのない高機能広汎性発達障害の子どもは、知識も豊富で一見、ほかの子どもと同じように見えるのに、集団生活の中でトラブルを引き起こすことがある。2つ目は、コミュニケーションに問題を抱えていることである。言葉の理解が苦手であったり、話し言葉の発達に偏りがあるためコミュニケーションがとりづらくなるのが特徴である。3つ目は、興味の範囲が極端に狭かったり、特定のものへのこだわりが強いという問題である。細かいことに異常にこだわったり、変化に対応することが苦手だったりするのが特徴である。以下に、これらの広汎性発達障害の3つの特徴について詳述する。

　①社会性の乏しさ
　広汎性発達障害の子どもは、他者への反応や関わりにおいて乏しさが見られ、社会的関係を形成していく上で困難さを抱えている。すなわち、相手の気持ちを理解したり、楽しみや悲しみ、怒りといった感情を共有することが苦手だったり、また相手との間に適切な距離や関係を維持できないといったことが生じる。具体的には、相手と視線を合わせにくい、表情が乏しい、他人の動きに無関心といったことがあげられる。

　これらは、広汎性発達障害の子どもたちが抱える、生まれつき人と人とのつながりが苦手であるという特徴によるものである。このことは三項関係「自己」、「他者」、「対象（モノ）」の理解に関係すると言われている。生後9ヶ月前後の乳児は、およそ、この「自己」「他者」「対象」の三項関係が分かるようになり、そのことで視線を共有したり、話し手と聞き手の間にある共通のテーマを成立させる。ところが、自閉傾向のある広汎性発達障害の子どもたちは、この三項関係が分かりにくいという。

　②コミュニケーションのとりづらさ
　広汎性発達障害の子どもは、言葉や言葉以外の表情や身振り・手振りなどの理解や使用に困難があり、コミュニケーションが苦手、もしくはユニークだったりする。具体的には、相手の言葉をそのまま繰り返す反響言語がある。また、会話が成立しにくい、大人びた話し方をする、多弁でとめど

63

なく喋る、といった様子が見られる。また、皮肉や言葉の裏の意味が理解できなかったり、話し方が形式的で抑揚がなかったりするのも特徴である。

　広汎性発達障害の中でも高機能の子どもの場合、言葉をたくさん知っていることが多い。しかし、言葉をたくさん知っていることや多弁であることが、必ずしも他者と意思の疎通ができることにはつながらない。本来、会話の中で、他者と意思疎通ができるためには、他者である目の前の相手の状況を読み取ったり、相手が今どのように感じているのかを察したり、その場の雰囲気を感じ取ったりすることが必要となる。広汎性発達障害の子どもは、意思疎通を促進させるための、補助手段としての身振り・手振りの理解や使用が困難であるので、なお、コミュニケーションがうまくいかなくなる。

　③想像力の発達が不十分、こだわりの強さ
　広汎性発達障害の子どもは、今、目の前にないものを想像したり、抽象的な概念を理解することに困難がある。そのため、興味・関心の持ち方や活動の幅が狭く、また、特定のものに限られることが多い。広汎性発達障害の子どもの中には、まわりから〇〇博士や〇〇教授と呼ばれている子どもがいる。たとえば、鉄道博士と呼ばれる子どもの中には、鉄道に関することへの興味・関心が半端でなく、路線のすべての駅名のみならず、時刻表までもすべて暗記している子どもがいる。これらはややもすると、他の子どもにとってはまったく興味・関心のない、本人だけの知的世界であることが多い。

　また、自分なりの独特な日課や手順があり、突然の変更などに対応できず、パニックになる子どももいる。さらに、空想の世界を好み、現実との切り替えが難しく、まわりの子どもたちとかみ合わないこともしばしばである。

　人間関係を形成していく中で、最も重要なことは目の前の他者の感情を推察する力である。相手が「今、何を思い、何を感じているのか」を感じ取る力である。想像力の欠如はまさにこの力の欠如であり、広汎性発達障害の子どもが他者とつながりにくいのはこのことに起因すると思われる。

　広汎性発達障害の子どもは、今まで述べてきたこととは別に、感覚面に

おいても困難を抱えていることがある。たとえば、騒音やリコーダーの音、赤ちゃんの泣き声などといった、特定の音や声に異常に過敏であり、時には怖がったりパニックになることもある。またべたべたした感覚が嫌いで、図画工作のときに使用するような糊が使えなかったり、ごわごわした衣服を身につけることが苦手な皮膚感覚を持っている子どももいる。また、極まれではあるが、味覚に過敏で、際だった偏食に陥っている子どももいるという。

## 支援の実際

### 1　聴覚認知に困難がある場合

　聴覚認知に困難を示す場合の対応の基本は、すでに述べた「図」と「地」の関係で混乱をきたしているということが考えられるので、いかに「図」を強調できるかにかかっている。

　ここでは、聞き取りたい音（図）を強調することを第1に考えることである。たとえば、聴覚認知に偏りがある子どもが集団の中で何かを指示されたとき、うまく聞き取れていなかったり、何を指示されたか分からなくなる場合がある。こんなときは、個別に再度指示したり、指示内容が書かれた絵カードや写真といった、視覚情報を補助手段として活用することも有効である。

　また、聞き取ったけれども意味が理解できなかったり、聞いたことを覚えておいて、後でそれを活用するのが苦手な子どももいる。このような場合は、指示する言葉はできるだけ短く、また具体的なものとする、また答えやすい形で質問をする、などの工夫が必要となる。すなわち、音韻認知、意味理解、短期記憶など、音声における言語処理にかかる負担の軽減が重要なポイントとなる。

### 2　視覚認知に困難がある場合

　視覚認知に困難を示す場合の対応についても、聴覚認知に困難を示す場合と同様、「図」と「地」の関係に混乱が見られることが多い。言い換えれば、

目からの情報処理が苦手なことが多い。そこでやはり「図」の強調が重要となる。一番見たいもの（見せたいもの）、すなわち「図」にいかに注目させるかが支援のポイントとなる。たとえば、視覚認知に偏りのある子どもは、教室など学習場面では、授業のポイントである板書に注目できない、教科書の文字を追えない、音読の際、行を飛ばして読んでしまうといったことが起こる。また、文字の構成がうまく理解できておらず、よく似た文字を読み間違えたり、漢字を正しく書けないなどの混乱もある。このような場合は、個々の子どもの苦手なところに対応した教材や、授業の工夫が大切となる。プリントの文字をいつもより少し大きく、しかも言葉の切れ目が分かるようにするなどの工夫が求められる。

## 3　行動のコントロールに困難がある場合

　たとえば、広汎性発達障害の子どもは、こだわりが強く、また社会的規範の理解が弱いことから、自分の行動をコントロールするのが苦手である。ADHDの子どもも、その多動性・衝動性の高さから同様のことが起こっていると推測できる。このような場合、まず彼らが自分のまわりの人や環境との関係を正しく理解できるように導くことが重要である。そのためには、環境調整をはかること、そして、情報を分かりやすく伝えることで自分の行動に気づき、自らの行動をコントロールできるようしていく必要がある。そのための一つの支援として視覚的な支援があげられる。

　それは、発達障害の子どもたちの多くが、視覚情報の処理が得意であるという特徴を生かすことに伴うものである。視覚情報を活用した支援を多く用いることで、「今、何をなすべきか」、「次にどう行動すればよいか」などの見通しを持たせることができ、ひいては彼らの適応能力を上げることにつながる。

　また、発達障害の子どもの多くは、その障害特性から社会的な意味合いが分かりづらく、たとえば、集団内のルールが守れないことがある。また幼少時から叱られる体験が多く、結果として自己肯定感が持ちにくく、ストレスを溜め込んだ心は、問題行動を起こしやすくなっている。このような子どもへの対応においては、行動療法の考え方が有効であるといわれて

いる。すなわち、子どもの増やしたい行動に対しては、現在できている行動でよいと思われる行動には、肯定的な態度を示し、ほめたり認めることで、自己肯定感を育てるというものである。次に、減らしたい行動に対しては、注目を外したり、その行動を無視し、その後、好ましい行動が出現したときにほめ、そして認めることが大切である。また、許し難い行動に対しては、行動の結果として、警告や必要なペナルティを与える必要があるというものである。

## 4　社会性が乏しい場合

　LDの主なつまずきとして、言語のつまずきがある。しかし、小学校の低学年から高学年へと学年が進むと、言語のつまずきはそれだけでおさまらないこともある。これは、言語が友人関係を構築していく上で、重要な要素であるということに関連する。友人関係を築いたり、維持していくためには一定の言語能力が要求され、「うまく伝えられない」ことが、結果的に、友人をつくれないことにつながってしまう。すなわち、言語のつまずきは、年齢とともに、社会性のつまずきへと発展する可能性を含んでいるということである。

　ADHDの場合は、不注意や多動傾向が強いせいで、社会的体験が乏しくなり、その結果として社会性を身につけていないことがある。広汎性発達障害の場合は、社会性の困難そのものが、代表的な特徴となっている。相手との距離をつかめなかったり、もう一つの特徴である、こだわりの強さが、社会的場面でのつまずきを呼ぶことも多い。

　これら社会性のつまずきへの対応で効果的なのは、ソーシャル・スキル・トレーニング（SST）であると言われている。SSTでは、社会的場面の中で子どもたちがつまずく様々な場面を想定し、その時のふるまい方を前もって学んでいく方法である。まさに社会的スキル訓練と呼ばれるものである。そして、このとき大切なことは、学習した体験を実際場面で生かすことができることである。

　「分かっているけれど、使えない」では意味をなさない。そして、スキルを実際場面で使用したとき、成功体験を伴うものであることがなお望ま

しい。そのことが、子どもたちの自信につながり、結果として社会性の獲得につながっていくと思われるからである。

## 5　対人関係に困難がある場合

　発達障害の内、とりわけ広汎性発達障害の場合、集団行動が苦手であったり、コミュニケーションがうまくとれなかったりと、対人関係の困難が顕著に現れることが多い。時に思春期の友人関係では、それぞれにプライバシーを大切にする感覚が要求されるようになる。すなわち、この時期には、それまでとは異なる友だち付き合いのルールが形成されることになる。しかし、この複雑なルールを、広汎性発達障害の子どもたちが理解することはとても難しい。これは、社会的認知の障害と呼ばれるものである。では、このような子どもたちをどう支援していけば良いのか。

　岡田（2006）は、広汎性発達障害への支援方法について、次のような7つの指摘をしている。①ルールの明確化、②視覚化、③手順化、④見通しを持たせる、⑤具体的な評価、⑥環境の構造化、⑦「いじめ」や「からかい」から守る、という内容である[※4]。

　ルールを明確にすることの意味は、他者への反応や、場の雰囲気を読み取ることが苦手な、広汎性発達障害の子どもへの配慮である。基本的な集団行動や対人関係のルールを、子どもが納得できるように、具体的に分かりやすく伝えることである。視覚化をはかることが有効なのは、広汎性発達障害の子どもは、言語や抽象概念には弱いが、視覚的情報処理が比較的得意であることの活用である。つまり、ルールや方法などを絵やカードに示すことで理解の促進をはかることができる。また、学習や活動場面で手順を示すことや見通しを持たせることで、次に起こってくることが予想される不安や、パニックを阻止することもできるからである。

　そして、広汎性発達障害の子どもは、抽象的な概念を理解することが苦手であるので、具体的に評価する必要がある。また、臨機応変という対応が苦手でもあるので、ある程度環境を構造化することで、ここでも不安やパニックになることを阻止し、安定した生活が送れるようになることを目指す。最後に、広汎性発達障害の子どもは、ややもすると、その対人関係

の困難さから、いじめのターゲットになりやすい。そのことが、トラウマとなり二次的なトラブルとして不登校に陥ることも予想されるので、くれぐれもその予防に努めなければならないのは言うまでもない。

## 大切にしたい基本姿勢

　2007年、学校教育に「特別支援教育」が導入された。これに伴って主に通常学級に在籍する発達障害が疑われる子どもを、どう理解し、どのように適切な支援をするべきかが、学校や教員の新たな課題として浮上してきた。このことは、従前の特殊学級や障害児学級の担任のみならず、学校のすべての教員に課せられた課題といえる。
　本章では、発達に課題を抱える子ども、とりわけ発達障害児への理解と支援について基本的な事柄を述べてきた。そして、最後に、改めてこの発達障害の子どもやその保護者と向き合う際に、大切にしたい基本姿勢を確認しておく。
　1つは、障害特性や行動上の特徴を十分理解した上で、支援に向かわなければならないということである。定型発達の子どもと異なり、発達障害を抱える場合、その障害特性があるがゆえに生じる混乱や不快感がある。支援の第一歩は、それらの混乱や不快感を最小限にとどめるための、環境調整や情報の視覚化、構造化などが求められるということである。
　次に重要なことは、発達障害を抱える子どもの心を支援することである。発達障害のある子どもの感情表出は、定型発達の子どものように自在ではない。であればなおさら、支援者は、日常的に彼らの感情を理解し、意思を伝えるように励まし、子どもたちの心を育てることを強く意識しなければならない。これがまさに、発達障害のある子どもへの「心の支援」であろう。
　最後は、子どもと教員、保護者と教員など、それぞれ相互の信頼関係の形成が重要であるということである。発達障害のある子ども本人が抱える不全感は、自信喪失につながり、また、発達障害の子どもを持つ保護者はわが子の障害を受け入れることに対して抵抗が強く、一方、不安感も鬱積

している。このような精神状態にあるとき、子どもであっても大人であっても素直に心を開けず、相互の信頼関係を構築していくことができなくなる。このような時には、まずは子どもや保護者に対して教員が心を開き、受容的、共感的な理解を示すことを通して、信頼関係構築を目指したいものである。

　この信頼関係の構築は、いずれにしても一朝一夕で可能になるものではない。時間はかかるかもしれないが、歩みを止めることなく努力することが、発達障害の子どもやその保護者の支援につながるのである。

‖注‖
[※1]　文部省「今後の特別支援教育の在り方について（最終報告）」2003年。
[※2]　尾崎洋一郎『発達障害とその周辺のこどもたち』同成社、2009年。
[※3]　上野一彦「軽度発達障害のある子どもとは」『軽度発達障害の教育』日本文化科学社。
[※4]　岡田智「対人関係に困難がある子どもへの指導」『軽度発達障害の教育』日本文化科学社、2006年。

入門 臨床教育学 | 第5章

# 教師の燃え尽きを防ぐ特別支援教育体制
―通常学級における特別支援教育と学級経営―

Klinische Pedagogiek

## 変化を求められる教師

　いじめや不登校、暴力といった問題に対して、スクールカウンセラーが配置されてきたように、困難を抱える通常学級の在籍児童に柔軟に対応できるよう特別支援教育が始まった。このように、教育制度も変化するが、それに伴って、日々変化する子どもの問題に応えていくため、教師もまた変化を常に求められている。変化には常に困難が伴う。困難は乗り越えられれば発見や成長へとつながるが、時に困難に燃え尽きてしまうこともあるかもしれない。子どもがいかに難しい問題を投げかけようが、向き合うのは教師であり、その源は教師一人ひとりの健康に他ならない。教師が子どもと向き合うために、学校ではどのような支えが必要なのだろうか。
　本章では、通常学級における特別支援教育や学級経営における困難や課題、そして学校全体がどのように担任教師を支えていくべきかについて考察する。

## 教師のメンタルヘルスの危機

　教師を取り巻く環境は極めて厳しい。学校では非行、いじめ、不登校、

学業不振といった児童生徒に関する問題。また、行政による管理強化、事務作業の増大、学校評価や教師評価といった成果主義の導入も教師の多忙化に追い打ちをかけている。さらに、深刻な事態になれば、しばしば学校や教師批判がなされ、家庭の教育力の低下に伴い、保護者からの過大な要求もつきつけられている。このような過剰なストレス状況から、教師のメンタルヘルスの問題が注目されている。

文部科学省によれば、平成21年度の精神疾患による病気休職者数は5,458人であり、1978年の調査以降、悪化の一途を辿っている[1]。その割合は一般企業と比べても高く[2]、さらなる対策が求められている。精神疾患によって休職にまでいたらなくても、強いストレス状態にさらされたまま働き続けている教師も多い。とくに、教師が理想を抱き真面目に仕事に専心する中で、学校での様々なストレスにさらされた結果、自分でも気づかないうちに消耗し、極度に疲弊をきたすにいたった状態は、「教師バーンアウト（燃え尽き症候群）」と呼ばれている[3]。

教師のメンタルヘルスの悪化を防ぐために、性別、年齢、パーソナリティといった個人的要因、職場環境や生徒との関係といった環境的要因、また日本の学校特有の文化的要因といった様々な角度から教師のバーンアウトを規定する要因について報告されている[4]。さらに、担任教師が、軽度発達障害児やその保護者の対応に苦慮し、うつ状態から退職するケースが後を絶たないという報告もある[5]。

## 特別支援教育とその対象

発達障害のチェックリストをもとに作成された質問紙調査によると、通常学級に在籍している児童生徒のうち約6.3％が学習面や行動面で著しい困難を持っていることが明らかになった[6]。統計上はどの学級にも困難を持っている児童生徒が在籍していることになる。しかも、そのほとんどの児童が医師による診断を受けていないという[7]。しかし、この数値は先に述べたように、専門家による調査結果ではなく、現場の教師の捉えた状態像であることに注意しておきたい。

第5章　教師の燃え尽きを防ぐ特別支援教育体制

　精神科医の滝川は、「発達障害という目で見てみよう」というスタンスの広がりに対する警鐘を鳴らしている。また、発達障害の診断について、「ほんとうは線の引けないものに敢えて人為的・社会的な約束としての線を引くこと」であると指摘している[※8]。

　診断にまつわる問題は残されてはいるが、このような現状把握を踏まえ、2007年度より特別支援教育が正式に開始された。特別支援教育は、従来の特殊教育のように障害児に限定された制度ではない。「障害のある児童生徒一人一人の教育的ニーズに応じて適切な教育的支援を行う」[※9]だけでなく、「発達障害も含めて、特別な支援を必要とする幼児児童生徒が在籍する全ての学校において実施されるものである」[※10]とされている。すなわち、発達障害児も含めた、個々のニーズに応じた適切な支援こそが目的であり、診断名や子どもたちが見せる行動は、そのニーズを知る手がかりであるという視点を忘れてはならない。「障害児だから医療からの指示がないと」「知識や経験がないから関われない」と、学校が対応を投げてしまうことは本末転倒である。もちろん、外部機関との連携は必要であるが、学校が何もできないというわけではない。

　特別支援教育の対象となる児童（以下、対象児）とは、どのような児童生徒を指すのだろうか。長澤によると、対象児とは、①従来の障害児教育の対象（視覚、聴覚、肢体不自由、知的障害等で特別支援学級や特別支援学校に在籍する児童生徒）、②発達障害、③不登校、④いじめ、⑤日本語指導が必要な外国人児童生徒、⑥虐待、といった状態にある子どもたちを指すという[※11]。このように、「学習や生活に困難さを抱えている」という観点から捉えると、対象児の概念は極めて広い。この背景には、「障害のある幼児児童生徒への教育にとどまらず、障害の有無やその他の個々の違いを認識しつつ様々な人々が生き生きと活躍できる共生社会の形成の基礎」という、ノーマライゼーションを理念とする考え方がある。

　たとえば、特別支援教育では、障害児と健常児との交流及び協働学習の積極的な推進が求められているが、その影響や意義について報告されている。山本・都築は、健常児は障害児に対する思いやりや理解が深まる一方、障害児も集団適応力が身につくという利点を報告している[※12]。また、担任

した教師も、障害児に対する理解が深まり、授業の指導技術を獲得していくといった報告や[13]、教師自身が自信をつけ、障害児と共に成長できる側面もあるのではないかという指摘もある[14]。

以上のように、特別支援教育は対象児や周囲の児童の成長だけでなく、教師もやりがいを感じ一緒に成長していく可能性を秘めている。

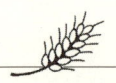

## 通常学級における障害児の担任状況

では、実際にどのぐらいの対象児が通常学級にいるのだろうか。本章では先に紹介した長澤[11]の概念のように、対象児の概念を広げすぎず、医学的な診断のある児童に限定した調査[15]の追加分析結果を報告する。

小学校の通常学級の担任教師を対象に調査を行ったところ、206名中118名の教師が障害児を担任していた。以下が追加分析結果になるが、障害児有群教師における担任児童数の平均は、1.6人（$SD=1.0$）で、この数字は、障害児を複数担任している教師がいることを示している。また、障害児有群教師における障害種別の人数を集計した結果（表1）、通常学級にいる障害児の内、半数以上が発達障害の診断であることが明らかになった。これによって特別支援学級や通級指導教室を利用している児童が含まれるものの、通常学級の教師が、当然のように障害児を担任している現状

★表1　障害児の障害種別人数

| 障害名 | 人数 |
| --- | --- |
| 言語障害 | 4 |
| 聴覚障害 | 12 |
| 病弱・身体虚弱 | 6 |
| 肢体不自由 | 8 |
| 知的障害 | 25 |
| 情緒障害 | 15 |
| 自閉症 | 15 |
| 学習障害 | 10 |
| 注意欠陥／多動性障害 | 26 |
| アスペルガー障害 | 53 |

が明らかになった。このことを考えると、なかでもとくに人数の多いアスペルガー障害などの障害に対して、教師の理解を深める取り組みが必要であろう。

## 学級経営における困難

　当然のように障害児を担任するということは、個のニーズに応じた教育的支援が求められるということである。しかし、河合は以下のように述べている。

　「教師がクラスを、いわゆる『秩序正しい』集団にしようとすると、どうしてもクラス全体の圧力が障害児にかかってくる。障害児を普通学級に受け入れるに当って、担任は従来の全員が一斉に同じことをするだけの『秩序正しい』と考えるような学級づくりの方針を変更し、クラスのなかに多様性を認める。一人ひとりの個性を尊重しつつ、しかも全体としてのまとまりをもつよう努力する。これはいうのは簡単だが、日本人にとってどれほど難しいかを自覚していなくてはならない」[16]

　これは、特別支援教育が開始される、10年ほど前の指摘ではあるが、障害児を通常学級で担任する難しさを予見していたものであるといえる。ここに指摘されているように、学級の状況に応じて、学級づくりの方針を柔軟に変えていくことが、教師に求められている姿勢である。
　次に、このことをより具体的に、学級経営という文脈で捉え直しておく。まず、学級編成直後の時期は、混沌・緊張期と呼ばれており、学級のルールが定着していない状態である[17]。これは、教師が学級のルールを定着させようとする中で、障害特性ゆえに個別な配慮が必要な児童が存在する場合、彼らへの対応も同時に行わなければならない時期である。また、行動面で困難を抱える対象児が在籍することによって、教師の対応が個別の関わりに偏ってしまうため、他児童の承認感が低くなることが知られている[18]。さらに、感情や行動のコントロールが難しい児童は、学級集団満足度

が低いという報告もある[※19]。さらに、落合は、発達障害児を担当することで、心身の不調を訴える教師が多いと述べ、「重度の障害児を担当したことがあったとしても、軽度発達障害児の対応においての教職員の悩みがそれとは異質であると考えた方がよい」と指摘している[※22]。

このように、行動上の問題のある児童が学級にいる場合、障害児やまわりの児童の適応感が低くなるだけでなく、教師のメンタルヘルスが脅かされる可能性が示されている。しかし、宮木は、障害児の存在が直接教師のストレスに影響しているのではなく、学級経営に関する困難が高まった結果、教師ストレスが高まるというプロセスを示している[※23]。浜谷は、このような通常学級の状況を示したモデル（図1）を提案している[※24]。本モデルは、まだ仮説段階ではあるが、学級全体のダイナミックな動きを捉える上で有用であると考えられる。具体的には、発達障害児に多いとされるいじめや、指導困難な状況によって生じる、学級崩壊などの対策に有用であると考えられるため、今後、実証的な研究が必要である。

ここで注意しておく必要がある。岡本は学級経営がうまくいかない場合に、教師の指導力不足や学級運営上の問題を発達障害に帰属させる可能性

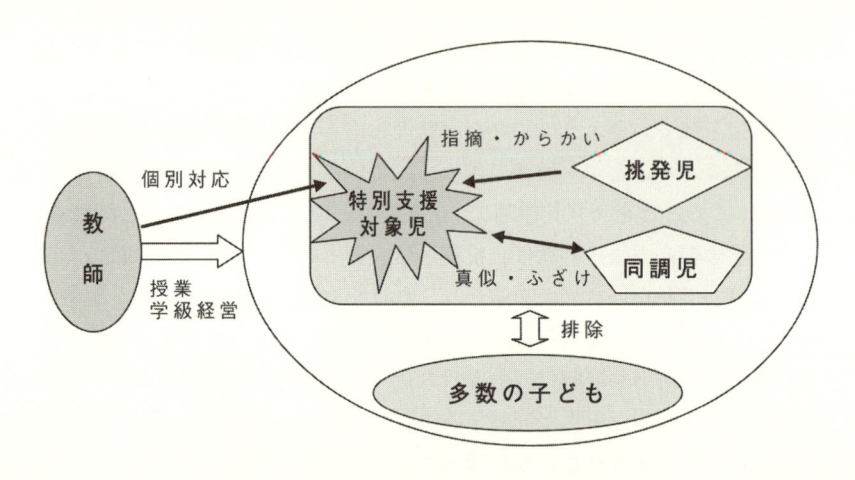

★図1　特別支援対象児を含む通常学級の状況[※24]

や、医学的診断によって生じる排除論に対して警鐘を鳴らしている[20]。堀家も同様に、「多様性」や「ニーズ」といった言葉によって、一部の子どもたちを排除する危険性を指摘している[21]。このように、対象児を含む学級経営の困難は、先に述べた特別支援教育における成長的な意義と表裏一体の関係にある。特別支援教育は、ノーマライゼーションを目指すものであるから、教師は「排除」に向かわない学級経営を目指すことが求められる。ここに大きなジレンマが生じるのである。

## 個と集団への支援

対象児が含まれている学級においては、個別・集団両方の対応が必要とされている。すなわち、困難のある児童と、まわりの児童とをつなぎ、良好な人間関係を築けるよう支援していくことが基本である。たとえば、個別の対応について橋本は、通常学級における対象児への対応について、暴力などの緊急かつ人的対応が必要な「対処が中心の段階」、支援の手がかりを見つけながら未然の予防を行う「支援が中心の段階」、対象児自身がまわりの様子を見て自分で対処を考えていく「自覚が中心の段階」という3つの段階を提案している[25]。集団に対しては、発達障害児の存在を念頭においた授業改善によって、全体の学力の向上が報告されている[26]。このような教育のユニバーサルデザイン化は、有効であろう。

また、学級集団に対してソーシャルスキルトレーニングや構成的グループエンカウンターを行うことも、子ども同士のコミュニケーション能力を高め、いじめなどの問題を予防するという点で、有効であると考えられる。以上のことからも、対象児だけでなく、まわりの児童との関係を大切にし、学級経営を充実させていくための積極的な試みが求められる。

## 小学校教師の特別支援教育に対する意識

対象児を担任することを、教師はどのように思っているのだろうか。遠矢は、教師が発達障害児の対応のために時間をとられ、他児の指導が不公

```
┌─────────────────────────────────┬─────────────────────────────────┐
│ 第Ⅰ群（98人、44%）              │ 第Ⅱ群（75人、34%）              │
│ 児童間の問題発生懸念高・教師の負担高群 │ 児童間の問題発生懸念低・教師の負担低群 │
│ ・健常児中心の学級経営          │ ・健常児中心の学級経営          │
│ ・個と集団の葛藤高い            │ ・個と集団の葛藤低い            │
│ ・健常児の行動化に対する懸念強い │ ・特別支援に積極的な意義を感じていない │
│ ・最もストレス反応が高い        │ ・ストレス反応が低い            │
│ →安心できるサポートが必要       │ →健康ではあるが、意識変化は必要 │
├─────────────────────────────────┼─────────────────────────────────┤
│ 第Ⅲ群（32人、14%）              │ 第Ⅳ群（18人、8%）               │
│ 児童の相互成長高・教師のやりがい高群 │ 児童の相互成長低・教師のやりがい低群 │
│ ・特別支援に肯定的で牽引的      │ ・特別支援に否定的で意義を見いだせない │
│ ・健常児、障害児、教師共に成長できる │ ・ストレス反応が高い            │
│ ・ストレス反応が低い            │ →意識変化に、ストレスに対するサポート │
│ →健康で積極的だが、少数         │ が必要                          │
└─────────────────────────────────┴─────────────────────────────────┘
```

★図2　特別支援教育意識のクラスタごとの特徴（高田[29]より作成）

平感を抱かせてしまうこと、他児が我慢する機会が増えたり、学習に集中できなくなるという不安があると述べている[28]。伊藤は、教師が学級運営において個への対応と集団への対応のはざまでジレンマを感じ、悩みを抱えて燃え尽きる危険性があると指摘している[27]。その一方で、成長的な側面を感じている教師もいることも先に述べた通りである[14]。

　このような指摘はあるものの、実際にどのくらいの教師が、特別支援教育に対してどのような意識やストレスを抱えているのかが明らかになっていない。そこで、筆者は、特別支援教育に対する意識のあり方がどのようになっているのかを検討するため質問紙調査を行った。その結果の一部を紹介する[29]。

　この調査は、小学校の通常学級の担任教師（223人）に対して特別支援教育意識尺度とストレス反応尺度を用いて行われた。特別支援教育意識尺度をクラスタ分析によって分類した結果（図2）、「児童間の問題発生懸念高・教師の負担高群（以下、第Ⅰ群）」、「児童間の問題発生懸念低・教師の負担低群（以下、第Ⅱ群）」、「児童の相互成長高・教師のやりがい高群（以下、第Ⅲ群）」、「児童の相互成長低・教師のやりがい低群（以下、第Ⅳ群）」の4群に分けられた。第Ⅰ群及び第Ⅱ群で、調査対象者の8割弱を占めており、健常児を中心とした、学級経営の意識の強い教師が多い現状が明

らかになった。

　そのため、多様な児童の存在を前提とした、学級経営に関する研修の必要性が示唆された。とくに、第Ⅰ群の教師は、ストレス反応が最も高く、伊藤[27]の指摘しているような、個と集団の関係に葛藤を抱える教師群であると考えられる。第Ⅰ群の教師には、より安心して障害児を担任できるような支援体制の充実が必要である。第Ⅱ群の教師は、障害児を担任する負担や葛藤は感じていないし、また、成長的な側面について意義を見いだしていなかった。辻井は、障害児が通常学級に置いたままにされ、適切な支援が行われていない可能性を指摘しているが[30]、特別支援教育の推進という観点からいえば、このような教師には、意識を変えていくような研修などが必要である。第Ⅲ群の教師は、特別支援教育に肯定的・牽引的なだけではなく、ストレス反応も低いことから、今後は彼らの教育実践やメンタルヘルスの維持方法について、検討していく必要がある。しかし、こうした教師は、学校内では少数派であり、この群の教師を増やしていく必要がある。第Ⅳ群の教師は、特別支援教育に否定的なだけではなく、ストレス反応も高いことから、意識変化だけでなく、職場環境を改善し、ストレスを低減する必要性が示唆された。

　以上のように、特別支援教育に対する教師の意識のあり方を検討したが、多様な意識を有する教師のありようを踏まえた支援が期待される。

## 学級担任を支える特別支援教育体制

　相沢・本郷は、学級運営が教師の力量によって異なるため、閉鎖的な学級の中で、担任が問題を一人で抱え込むことがあると指摘している[31]。では、学校はどのように特別支援教育体制を整え、学級担任を支えていけばよいのだろうか。

　米沢他は、特別支援教育の推進状態に関する尺度を作成し、「意識改革・共通理解」「支援の実施」「校内連携」「児童・保護者との連携」「専門機関等との連携」の５つの因子を抽出した[32]。また、担任教師への支援の有無だけではなく、それらの支援が有効に機能するかどうかが、教職員全体

の共通理解や対象児への支援を支えるものとして重要であると述べている[※33]。伊達・姉崎は、コーディネーターを中心に、全体で支援する体制を築くこと、全教職員による共通理解が重要であると指摘している[※34]。

コーディネーターが機能的に動くためには、管理職による理解や、リーダーシップが重要となるだろう。また、特別支援教育におけるスクールカウンセラーに対しては、対象児への具体的な対応、学級経営に不安を持つ教師へのサポート、保護者への対応が求められている[※35]。

学級に対象児がいる場合、教師も困難を感じて支援が必要とすることがあるのは周知の事実である[※24]。しかし、教室にサポートしてくれる人が必要である、と70.6％の教師が答えているのに対して、実際に必要とするニーズの、32.8％の教師しか支援されていないという報告もあることから[※36]、人的な支援の乏しさが指摘されている。

しかし、人的支援がなくても、教師は対象児への支援を行わなければならないのが現実である。たとえば、多動などの行動の場合、担任自身が、対象児への対応のために動かざるをえず、学級から一時的に離れることもある。そのようなときに、担任の支えとなるのが、同僚の存在である。たとえば、遠矢は、自分の周囲に発達障害について、理解している教師が少ないと考える教師ほど、発達障害児が通常学級に在籍することで、クラスメイトに及ぶ負の影響が大きいと報告しており[※28]、同僚からの理解の重要性を指摘している。

坂本・阿蘇は、教師が「学校全体からの支援」を実感するためには、当該の学校において、①教員間で日常的に情報交換が行われている、②発達障害児の実態把握を行い、コーディネーターを中心に発達障害児の支援を考え、個別の支援計画を実施している、③教員同士が何でも相談でき、協力し合える温かい雰囲気が校内にあることが重要であり、これが「連携」を可能にする要因であることを示した[※37]。

特別支援教育において、対象児の保護者との連携は不可欠であるが、その難しさも指摘されている。渡部・武田は、学校や担任教師が、親との信頼関係を築けず、思い悩んだまま親に対して専門機関への相談を促しても、受け入れてもらえるのは難しいと述べている。したがって、学校も親も歩み

寄り、子どもを支えるチームとしての連携をはかることが重要であると指摘している[38]。以上のような文献からも、対象児を含む学級経営においては、同僚からの支援が重要なのである。

## 教師の特別支援教育に対する意識に影響を与える要因

米沢他は、学校の組織風土と特別支援教育の推進状態との間に、中程度の相関関係があることを明らかにした[32]。具体的には、校長と教職員集団との間に、肯定的な雰囲気などが形成されている学校ほど、教職員の意識改革や共通理解が促進され、対象児への支援が実施されていることが示された。このように、学校の特別支援教育は、管理職ならびに教職員集団の組織のあり方に影響を受けているといえる。

では、実際に職場環境の要因が、個人要因（特別支援教育に対する意識）や教師のバーンアウトにどのように影響を与えるのだろうか。複数の尺度を用いた筆者の調査においては、多忙性や孤立性、管理職との葛藤といった職場環境ストレッサーを低減することが、障害児に関わる不安や負担を低減し、バーンアウト傾向の低減につながる可能性を示した[15]。言い換えれば、教師自身が職場環境から支えられることで、特別支援に対するやりがいが増すだけでなく、教師のメンタルヘルスにおいても良い影響を与えることが示されたのである。

新井は、バーンアウト予防の観点から、同僚との協働性を高める工夫が必要であると述べている。具体的には、情緒的な支援にかぎらず、実際に共に作業をすることを通じて、教育上の喜びや充実感を手にすることの重要性と、学校の協働体制の基盤づくりとして、校内研修に全員参加で体験型の事例研究法であるインシデントプロセス法を取り入れることの推奨である[3]。赤嶺・緒方は、職員会議やケース会議を通じて共通理解を重ね、支援によって生じる「子どもの変容」を実感することで、教師は、特別支援の必要性を理解し、子どもの存在を身近に感じられるようになるなど、意識が変化していくと報告している[39]。瀬底・浦崎は、対象児に対して支援を行う際に感じる、教師の「とまどい」に焦点を当てた研究を行い、教

師が変容していくプロセスを明らかにしている。

　その際、重要なのは、支援を確認できる他者の存在、すなわち校内支援チームであると述べている[※40]。特別支援に関わって、教師がバーンアウトするのを予防するには、このように、教師が協働して支援していくことや、子どもの変化や成長の確認と、それらを共有できる同僚の存在が重要なのである。

## 教師同士も良好な関係を

　特別支援教育を推進していくことは、教師も目の前の子どもの多様性を認め、学級づくりの方針を柔軟に変えていくことである。しかし、対象児を含む学級経営において、児童の成長を感じる教師がいる一方、個と集団の対応に葛藤し苦しむ教師も多い。教師が柔軟な学級経営を行うときに、学校の職場環境そのものにも柔軟性が求められる。その基盤は、多忙な中でも行われる、さりげない声かけや情報共有といった同僚との関係性に他ならない。

　対象児のいる学級においては、困難のある児童とまわりの児童とをつなぎ、良好な人間関係を築くことが重要であると指摘したが、同じことが教師集団においてもいえよう。つまり、教師が困難を一人で抱え込んで、孤立し燃え尽きさせないように、教師同士も良好な関係を積極的につなぎ直していくことが重要なのである。

　そのためには、教師集団内で、援助要請しやすい雰囲気づくりに務めることはもちろん、協働性や柔軟性を生み出すための研修や工夫を、積極的に取り入れていく必要がある。

　繰り返しになるが、困難を抱えた子どもを含む学級経営の困難と、教師を含む集団の成長とは表裏一体の関係にある。特別支援児童生徒とどう向き合うかという視点だけでなく、特別支援児童生徒と向き合う教師を、いかに学校全体として支えるかという視点を忘れてはならない。

第5章　教師の燃え尽きを防ぐ特別支援教育体制

▌注
[※1] 文部科学省「平成21年度教職員に係る懲戒処分等の状況について」文部科学省初等中等教育局初等中等教育企画課、2010年。
[※2] 江口毅「産業メンタルヘルスと学校メンタルヘルス―産業における"予防"はどこまで学校に応用できるのか―」『学校メンタルヘルス』第13号、2010年、136－137頁。
[※3] 新井肇『「教師」崩壊―バーンアウト症候群克服のために―』すずさわ書店、1999年。
[※4] 落合美貴子「教師バーンアウト研究の展望」『教育心理学研究』第51号、2003年、351－364頁。
[※5] 江口昇勇「学校現場における高機能広汎性発達障害を巡る諸問題」『愛知学院大学論叢』第2号、2007年、41－50頁。
[※6] 文部科学省「通常の学級に在籍する特別な教育的支援を必要とする児童生徒に関する実態調査」文部科学省、2002年。
[※7] 今村真也・姉崎弘「校内支援体制が学級担任に果たす役割と効果に関する研究―A小学校特別支援教育の取り組みからの考察―」『三重大学教育学部研究紀要』第61号、2010年、145－154頁。
[※8] 滝川一廣「発達障碍再考―診断と脳障害論をめぐって―」『そだちの科学』第8号、2007年、9－16頁。
[※9] 文部科学省「今後の特別支援教育の在り方について（最終報告）」文部科学省、2003年。
[※10] 文部科学省「特別支援教育の推進について（通知）」文部科学省、2007年。
[※11] 長澤正樹編「特別支援教育―平等で公平な教育から個に応じた支援へ―」『現代のエスプリ』第529号、2011年。
[※12] 山本憲子・都築繁幸「特別支援教育に対する小学校教師の意識に関する一考察（3）」『愛知教育大学教育実践総合センター』第10号、2007年、229－236頁。
[※13] 草野勝彦・長曽我部博「障害児をインクルージョンした体育の授業と教員の態度」『体育学研究』第46号、2001年、207－216頁。
[※14] 岡本尚子・網谷綾香「発達障害のある児童に関わる教師のメンタルヘルス―関連研究の動向と課題―」『佐賀大学文化教育学部研究論文集』第13号、2008年、549－557頁。
[※15] 高田純「障害のある児童の担任教師のバーンアウト傾向、職場環境ストレッサー、特別支援教育負担感、自己効力感」『学校メンタルヘルス研究』第12号、2009年、53－60頁。
[※16] 河合隼雄『臨床教育学入門』岩波書店、1997年。
[※17] 河村茂雄『日本の学級集団と学級経営―集団の教育力を生かす学校システムの原理と展望―』図書文化社、2010年。
[※18] 深沢和彦・河村茂雄「特別支援対象児が在籍する学級における非対象児の学級適応感―困難領域の違いによる比較から―」『日本教育心理学会第50回大会発表論文集』第50号、2008年、621頁。
[※19] 相澤雅文・本郷一夫「『気になる』児童の学級集団適応に関する研究」『LD研究』

第20号、2011年、352-364頁。
[※20] 岡本隆寛「AD／HD児に対する社会認識―認識のズレが生じる要因と影響について」『学校メンタルヘルス』第10号、2007年、83-91頁。
[※21] 堀家由妃代「特別支援教育の動向と教育改革―その批判的検討―」『仏教大学教育学部学会紀要』第11号、2012年、53-68頁。
[※22] 落合俊郎「注意欠陥／多動性障害（ADHD）を疑われた太郎君について」『月刊生徒指導』第35号、2005年、14-18頁。
[※23] 宮木秀雄「通常学級におけるADHD児の在籍が学級経営に関する困難および教師ストレスに及ぼす影響―コーディネーターからのサポートおよびイラショナル・ビリーフに注目して―」『LD研究』第20号、2011年、194-206頁。
[※24] 浜谷直人「通常学級における特別支援教育の研究成果と課題」『教育心理学研究年報』第51号、2012年、85-84頁。
[※25] 橋本治「通常学級における特別支援を必要とする児童生徒への指導の在り方―C県D市の小学校・中学校（全32校）を『発達障害の専門家』として巡回して―」『岐阜大学教育学部研究報告』第14号、2012年、163-176頁。
[※26] 廣瀬由美子「通常の学級における教科教育と特別支援教育の融合『授業のユニバーサルデザイン研究会』での実践」『現代のエスプリ』第529号、2011年、56-64頁。
[※27] 伊藤美奈子「教師の燃え尽きとうつについて」『子どもの心と学校臨床』第4号、2011年、43-50頁。
[※28] 遠矢浩一「コラボレーション、連携とアセスメント」『臨床心理学』第39号、2007年、308-312頁。
[※29] 高田純「小学校教師の特別支援教育意識の類型化とストレス反応の関連」『学校メンタルヘルス研究』第14号、2011年、181-188頁。
[※30] 辻井正次「発達障害のある子どもたちの家庭と学校（4）」『子どもの心と学校臨床』第5号、2011年、95-105頁。
[※31] 相澤雅文・本郷一夫「集団適応に困難さをかかえる児童とその支援に関する研究―小学校1年～3年の学級担任への調査から―」『LD研究』第19号、2010年、135-146頁。
[※32] 米沢崇・岡本真典・林孝「学校の組織風土の類型別にみた特別支援教育の推進状態の検討」『教育実践総合センター研究紀要（奈良教育大学）』第19号、2010年、103-111頁。
[※33] 米沢崇・岡本真典・林孝「通常学級担任への支援の有無と有効度別に見た特別支援教育の展開に関する一考察」『教育実践総合センター研究紀要（奈良教育大学）』第20号、2011年、187-193頁。
[※34] 伊達隆・姉崎弘「特別支援教育における校内支援体制の構築に関する研究」『三重大学教育実践総合センター』第26号、2006年、87-92頁。
[※35] 岩瀧大樹・山崎洋史「特別支援教育導入における教員の意識研究―期待される心理職の役割―」『東京海洋大学研究報告』第5号、2009年、17-27頁。
[※36] 井潤知美・上林靖子・北道子・榎戸美佐子・横山浩之「AD／HDをもつ子どもの

教育的ニーズと支援のあり方に関する研究―教師と保護者の回答から―」『学校メンタルヘルス』第9号、2006年、65-72頁。
　[37]　坂本美紀・阿蘇友加里「発達障害児支援のための校内体制および校内連携実現に関する教員の認識とその個人差」『心理科学』第30号、2010年、73-86頁。
　[38]　渡部紘子・武田篤「軽度発達障害に関する小・中学校教師の意識調査」『秋田大学教育文化学部教育実践研究紀要』第30号、2008年、85-94頁。
　[39]　赤嶺太亮・緒方茂樹「公立学校に在籍する発達障害児への教育的対応及び支援に関する研究―校内支援体制の構築を中心に―」『琉球大学教育学部発達支援教育実践センター紀要』第1号、2009年、29-39頁。
　[40]　瀬底正栄・浦崎武「小学校における特別支援教育システムの構築―支援に対する教師の『とまどい』から―」『琉球大学教育学部障害児教育実践センター紀要』第10号、2009年、59-76頁。

入門 臨床教育学 | 第6章

# 親子関係の支援
## ―日常性を活用した教育相談―

Klinische Pedagogiek

### 親が抱える悩み

　2011年の東日本大震災をはじめとして、このところ国の内外に大きな出来事が続いている。まさに、現在は、歴史上の激動期の渦中にあると言って差し支えない。教育に関わる問題では、橋下徹大阪市長による教育制度改革の動きに注目が集まっている。筆者は、数年前まで大阪市の公立小学校の教員として勤務しており、現在も学校現場で多くの知り合いが実践を重ねている。したがって、切実に大阪市の教育改革の意味を考えざるを得ない。また、2012年に大きな関心を集めた「大津のいじめ事件」は、今日の教育問題を浮き彫りにした。学校教育が抱える問題の広がりと根深さを、世代や境遇を超えて多くの人々に知らしめたと言える。
　確かに、これまでの教育制度のあり方がすべて正しかったとは言いきれないだろうし、学校の教育のあり方にも、疑問を持った人が少なくないのではないか。筆者自身も、教育実践の場で様々な問題に直面して、大いに悩んだことがあった。そのことを客観的な視点で考察していくと、最終的に「人間関係」に行きつく。筆者は、公立小学校の勤務時代に、多くの子どもたちや保護者（大部分は母親）と関わった。現在は、関西学院大学を

第6章 親子関係の支援

はじめ、いくつかの大学で教育学・心理学の分野の講義を担当する傍ら、A市教育センターで教育相談を務めている。この教育センターで、筆者は、主に子どもへのプレイセラピー（遊ぶことで子どもの心の不安や悩みを軽減する心理療法）を担当している。この教育センターには、様々な問題を抱えた親子が相談に訪れる。対象は、学校や園で課題を抱えた、小学校6年生までの子どもである。この教育センターでは、筆者はカウンセラーなのだが、時には、これまでの教職経験を活かして、当センターの母親担当者や母親にアドバイスをすることもある。筆者は、教員の視点とカウンセラーの目の両方から、子どもや保護者を見ていくことを筆者自身の目標として、日々実践を重ねている。

　ここ数年の傾向を見ていると、従来の子どもに発達障害があるために親子とも課題や悩みを抱えているケースが減り、親（とくに母親）が子育てで悩むケースが増えてきている。母親の悩みが子どもに影響を与え、学校や園で問題を起こしている場合もある。子ども相手のカウンセリングでも、大人に対するカウンセリングのように、話を聞きながらクライエントの問題に接近していくわけであるが、子どもの場合はそれが難しい。そこで、子どもと一緒に遊びながらよい関係（専門用語でラポールと呼ぶ）をつくり上げていきつつ、子どもの様子を観察する。これをプレイセラピーという。その過程で子どもとのおしゃべりによって課題を探ることも少なくないが、主に遊びの中から、その子どもの課題を見つけ出していく方策を採る。具体的には、どんな遊びを好むか、プレイの場でのセラピスト（この場合は筆者）との関係のつくり方はどうか、などの点に焦点を当てて探っていく。

　実際の教育相談の場に訪れる大半の子どもたちは、発達障害を持たない（学校などでは健常児と呼ばれることもある）子どもである。しかし、学校や園で問題となる言動をとったり、家庭で親（とくに母親）との間でトラブルを抱えていることが多い。筆者は、これらの場合、かなりの割合で母親の子育てについての考え方や態度が影響していると感じている。

　次に、教育相談の場や筆者が教師として出会った、子どもや母親の中で、印象に残る例を取り上げ、考察してみたい。

## 課題のある親子の事例

### 1 親が子どもに完璧さを求めすぎて親子関係がうまくいかない場合

何事にもきっちりと対処し、細部も疎かにしないことは、人としての美点にあげられることが多い。世の中の仕事の多くに、このことが求められることは確かである。パソコンでインターネットを使う場合、ほんの小さな入力の間違いで求める情報が得られない。「おおよそ」では通用しないのである。こういった場合は、完璧さが何より大事である。その一方で、生活のすべての場面で完璧さが当てはまるとはかぎらないことは、誰もが感じている。

教育（このことは教育という用語に、「育」という字が入っていることからも理解できよう）も子育ても、「育てる」という要素が大事である。「育てる」には「情」が働く。「情」とは、もちろん「思い」であり「心情」である。理想が高く完璧さを求める傾向のある親は、それを子どもにも求めてしまいがちである。このタイプの親には、知的レベルの高い人がしばしば見受けられる。このような親は、「頭で考えた」子育てに捉われすぎて、現状に即した柔軟な子育てがしにくくなるのである。確かに、理想や「あるべき姿」は、人間として必要不可欠なものである。これがなければ、子どもの望ましい成長を実現することはできない。子どもに「あるべき姿」を求めるのは、親として、子どもの将来を考えている面もあろう。しかし、「あるべき姿」に捉われすぎると、視野が狭まって考え方や言動が硬直化してしまう。子どもの些細な言動に目が行き、できないところや間違ったところに意識が集中する。何度も注意を重ね、さらにこれが叱責に進むこともある。子どもにとっては、息が詰まる感じがするに違いない。

子どもが親の言う通りに、おとなしく従っているうちは問題が起こらない。しかし、子どもが親への従順に限界を感じたときには、親に対して激しく反発することも起こってくる可能性がある。母親ではないが、父親との場合の事例としては、2006年に奈良で起こった少年による放火殺人事件

が思い起こされる。父親の過度の期待と現実の板挟みに悩んだことが、この事件の原因の一つではないだろうか。

　ここまで極端ではなくても、類似のケースはしばしば見受けられる。母親の場合は、子どもの身近にいることが多いだけに、子育てがうまくいかないことからくるストレスを感じやすい。こうした場合、母親が子育ての悩みや不安を相談できる相手が近くにいると、状況がかなり緩和されることがある。その相手が、実家の母親（つまり子どもにとっては母方の祖母）だとその可能性は増す。これは、祖母の育児体験からのアドバイスが、母親の悩みの軽減に効果をもたらすということである。教育相談機関へ来る母親は、このような機会に恵まれていないことが多い。教育相談機関の母親担当者は、母親の愚痴を聞き、悩みや不安に寄り添い、時には助言を与えたり励ましたりする。一方、子ども担当者は、子どもを受容して一緒に遊ぶ。この時、子ども担当者は、社会常識や理性での判断による禁止や叱責は極力控える。たとえば、ゲームでは、分からないように子どもが勝つように持っていき、些細なルール違反には気づかないふりをする。わがままやふざけも認める。子どもの小さな成功に、大げさに感心することもある。つまり、子どもが、安心して甘えられる場と時間を提供するのである。

## 2　親が子どもに振り回されている場合

　親が子どもに振り回されているケースも、最近増えてきている。少子化で、子どもはどの家庭でも大切にされる。子どもを大切にすることは望ましいことではあるが、問題はその意味とあり方である。子どもの存在を認めて受容することと、なんでも子どもの要求を認めることとは本質的に違う。このところを勘違いしている親が少なくないのではないか。

　2012年の夏に大きく報道された大津市のいじめ事件は、教育に携わる者だけでなく一般の人々にも衝撃を与えた。教職員がいじめられたとされる生徒といじめたとされる生徒たちをどう受け止め、どのように対応したのか。この点が、まず問われている。さらに、まわりの生徒たちの認識や学校の教職員の人間関係なども検証されなければならないであろう。筆者は報道される情報しか手に入らないので、軽率な意見は言えないが、いじめ

たとされる生徒の母親の言動（テレビで報道されていた）には首を傾げる部分があった。

　親として、子どもを信じて守るのは当然である。子どもをかけがえのない存在として受け止められるのは、親の無条件の愛情である。これを交流分析では、「無条件肯定」と呼ぶ（一般社会では、条件付き肯定と条件付き否定がほとんどである）。「無条件肯定」によって初めて、子どもは「自分は価値のある存在である」という自信（自己肯定感という）を育むことができる。自己肯定感は、子どもが自己を確立していく上で不可欠なものである。しかし、子どものすべての言動を認めることが、親として常に正しいとは言い切れない。子どもの年齢や発達段階に応じて、間違った言動に対しては、毅然とした（厳しいとは少し異なる）態度を崩さないことも必要であろう。それでこそ親たる値打ちがあると、筆者は考える。

　大津のいじめ事件のいじめたとされる生徒の母親は、「いじめの事実はない。報道で息子が傷ついている。こちらが被害者だ」というコメントを発しているらしい。これに違和感を覚えるのは筆者だけだろうか。

　第3者の客観的な視点から見ると、現に自殺した生徒がいるわけであるから、その原因をできうるかぎり突き止める努力をしなければならない。その過程で、苦しんだり悩んだりする人が出てくるであろうが、その痛みに耐えて真実に迫らなければ、自殺した生徒は浮かばれない。とくにいじめたとされる生徒たち、まわりの生徒たち、学校の教員、生徒の親たちは、それから逃げてはいけない。生徒一人ひとりが、自分自身の心と真摯に向き合う勇気を与えて、それを支えることが、大人（親や教員）の務めではないか。

　以前ある新聞のコラムで、忘れられない母の姿を綴った文と出会った。この文を書いた記者は、小学生の時、体の不自由な級友をからかった。本人には、悪いことをしたという意識は希薄だった。それを知った母親は、彼と一緒に級友の家に行き、級友とその母親に「この子のしたことは、私の責任です」と土下座して詫びた。母親の言動に、少年だった記者は、自分がとんでもないことをしてしまったと身に染みて分かったと述べている。記者の母親は、息子に大切なことを「体をはって」教えたのである。

この母親の認識と気迫を、今の大人、とくに親や教員が持ち合わせているだろうか。

現実には、子どもに振り回されている親が少なくなく、筆者が担当している教育相談でも、時々見受ける。学校や幼稚園では、教員の指示をよく聞き、「いい子」と言われている子どもの中に、家では、とくに母親に対して、非常にわがままにふるまう例が見受けられる。母親はそのような子どもを持て余し気味である。極端な「内弁慶」と言える状況である。子どもは、強く主張（泣いたりわめいたりといった行動）すれば、母親は自分の言うことを聞いてくれると思っている。このような子どもは、教育相談の場でも、カウンセラーに対してわがままな言動をとる。筆者はそれを受け入れているが、これは教育相談という特殊な場であり、かぎられた時間内のことだから可能なのである。

家庭や学校は、教育相談と異なり、現実生活の場である。もちろん、子どもへの関わり合いの基本は、愛情に基づくものである。その一方で、子どもの望ましい成長をはかることも大切な要素である。したがって、子どもが間違った言動をしたり、まわりに多大な迷惑をかけた場合は、大人は子どもに、そのことをきちんと理解させ納得させなければならない。「大津のいじめ事件」の場合は、いじめた生徒には、自分の言動がどれほどいじめられた生徒を苦しめたのかということをまず気づかせ、次に、自分の言動が間違っていたことを分からせる。このことが何より必要である。大人、とくに、親や教員は、必要なときは毅然として子どもに立ちはだかる気概が求められる。

## 3　対応に柔軟性を求められる場合

教員を務めていると、関わる子どもたちや親の数も膨大になる。数多い子どもたちや親の中でも、教員を辞めた今も心に残る人たちがいる。とくに際立った特徴のあったケースや、対応に困難が伴った場合は印象に残っている。ここに、ある母子に登場してもらおう。

それは、筆者がかつて担任した、小学校１年生のA子と母親である。A子は体格もよく、活発なタイプである。ただ、入学時に提出してもらった

家族調査書から、家庭面で課題を抱えていることが察せられた。母親は、A子の父親と離婚後、「水商売」をしながら子育てをしている。母親とA子との関係は悪くない。母親は、子育てにも一所懸命である。ただ、母親のこれまでの生活の範囲や経験が、一般の母親のそれとかなりかけ離れている点が気になった。いわゆる「ママ友」がおらず、さらに実家も遠く離れていて支援を受けることが難しかった。母親は、母子の住むマンションの隣室の主婦に、ゴミ出しのことで、きつく文句を言われたことも気になっている様子であった。筆者は、それらの事情を考慮しながらこの母子を見守った。

　その後、いくつかの気にかかる出来事が起こった。5月の半ば、学校に連絡なしでA子が欠席した。まずは電話でA子の様子を確かめ、放課後、家庭訪問した。母親は体調を崩し、床に就いていた。筆者が母親に事情を聞いたところ、自分がしんどくて心細かったのでA子に側にいてもらいたかったとのことだった。筆者は、母親に医師に診てもらうことを勧め、A子の食事のことを確かめた（食べるものは買ってあった）。その上で、「お母さんが心細かったのは分かります。でも、A子さんにとって学校へ行くことも大事です。また、このようなことが起こったら、まず、学校に知らせてください。お力になれることがあると思います。また、役所の福祉課なども力になってくれるかもしれませんよ」と助言した。学校に戻ってから上司に事情を説明して、何か問題が起こったときの対処を頼んだ。

　6月の下旬にプールが始まると、A子が顔を水にまったくつけられないことが分かった。母親に尋ねると、「これまで海水浴やプールに連れて行っていないからでしょう。私が行けないものだから」とすまなそうに呟いた。筆者は、刺青のことだろうと感じたので、これからはお風呂場で練習させるように勧めた。9月には、母子が2週間の長期の旅行に出かけた（知り合いの家に行くということだった）。前もって連絡を受けていたので、旅行から帰ったA子には、放課後補習を実施した。11月になると、朝も母親から電話がかかるようになった。A子が級友の家に遊びに来るよう誘われたが、行っていいものかどうかという相談であった。筆者は、子ども同士の家の行き来は当たり前であり、交友関係の広がりはA子にとってよいこ

とだと話した。「これから先、友だちがA子さんのお宅に遊びに来るかもしれませんね」ともアドバイスしておいた。

　12月末の個人懇談では、母親は以前より元気そうであった。うるさ型の隣室の家族が引っ越したことも、ストレスを減らす原因となったらしい。A子も、家の手伝いをすることで母親を助けているらしかった。筆者は好転した状況を喜び、「これからも力を合わせていきましょう」と母親を励ました。

　この母子の場合は、学校の教員が通常、子どもに対して行う支援の範囲から外れている部分がある。教員というより、福祉関係のケースワーカー的な関わりと感じられる部分があるかもしれない。この母親は、子どもへの愛情もあり、子育てへの努力もしている。筆者はその点を認めていくことで、母親とのコミュニケーションを構築していった。

　次に、まわりの人たち（学校の同じクラスの母親や近隣の人など）との関係づくりの場面に、支援の手を差しのべた。筆者は、この役割を務めるのは自分だと思ったからである。母親は、思ったより素直に筆者の言葉に耳を傾け、少しずつではあるが、これまでの自分の世界とは違う一般の世界のあり方を理解していった。筆者が、教員としての枠に捉われすぎず柔軟に対処していったことが、この場合、結果的によかったようである。最近は、人々の生活が多様化し、価値観も様々である。以前のように、「学校とはこうするところである」という考えだけでは対応できないことは、現在、教育に携わる人たちすべてが実感していることであろう。

## 4　虐待を疑わせる場合

　最近とみに、家庭に課題を抱える子どもが増えてきている。中でも、幼稚園や小学校の教員の場合、配慮しなければならないのが「虐待」の問題である。筆者が小学校の教員として勤務していたときは、体育の指導時の着替えなどを利用して、子どもたちの体の傷などの有無を確かめたものである。

　筆者も、虐待を受けていると考えられる子どもたちと出会った経験がある。中には、児童相談所から虐待を受けていると認定されているケースも

あった。この場合は、虐待しているとされたのは、父親であり、虐待されていると見られたのは小学生の兄弟（いずれも男子）である。父親は、罰と称して、兄弟に給食を食べさせなかったり、家族で外食するときに、彼らを外すといった行為が見られた。彼らは、父親の目の届かない学校では、時々暴れるといった言動が見られた。学校の教職員は、全員が彼らの事情を承知していたので、彼らのこのような言動に対して一貫した対応がとれた。これほど明確ではないが、筆者が担任した子どもの中に、「虐待」を受けていると考えられるケースがあった。

　小学校1年生のB男が、入学式の次の日の朝、姿を見せなかった。事故か事件に巻き込まれたかもしれないと心配した筆者は、校長に連絡して対応を頼んだ。ほかの子どもたちが下校した後、筆者と他の教職員がB男を探した。昼過ぎになって、校区内の公園で無事見つかったので、パンと牛乳を与えてから話を聞いた。B男は、朝、学校へ行くつもりで家を出たが、途中で犬に出会い、一緒に公園まで行ってしまったとのことであった。母親に連絡を取り、何とか学校へ来てもらって、校長と共に話をした。

　母親は当時25歳、18歳で結婚し、19歳でB男を生んだ。さらに、20歳でB男の父親と離婚、現在、「水商売」で働きながらB男を育てていた。母親の生活時間が一般の家庭と違うことから、朝起きて子どもに食事を摂らせて、学校に送り出すことが難しいようだった。晩の食事も、ほとんど「店屋物」で、家の玄関には寿司桶や丼が積んであった。校長は、「この母親は、母親自身が大人になっていない。学校が母親としてすべきことを求めても、無理だと思う。大変だろうが、母親の役目の一部を引き受けてくれ」と筆者に依頼した。次の日から、筆者はB男を毎朝迎えに行き、下校時は、B男が通う近くの学童保育の教室まで送っていった。B男が朝の食事を摂っていない日が多いことに気づいたので、毎日パンと牛乳を用意した。この筆者の関わりは、B男が完全に自分自身で登下校できるようになる、11月初めまで続いた。B男が漏らした「先生がお母さんみたい」という言葉が、今でも筆者の耳に残っている。

　このケースは一見、「虐待」とは見えない。母親がB男に暴力を振るったり、暴言を吐いたりしているわけではないからである。しかし、母親は、

母親として当然、子どもにするべき関わり（食事の世話など）を疎かにしている。これは、「ネグレクト（育児放棄）」に当てはまろう。親からの暴力や暴言は、子どもの心身に大きな傷をつくる。それと同様、いやそれ以上に「ネグレクト」は子どもに影響を与える。「愛情」の対極は、「憎しみ」よりも「無関心」であるという。確かに「憎しみ」には、相手に対する感情（たとえマイナーなものであっても）が存在するが、「無関心」には相手の存在を意識しない冷たさがある。子どもにとって、これはどれほど辛いことであろうか。

2011年、大阪で、母親による育児放棄の結果、2人の幼い姉弟が死亡するという痛ましい事件があった。母親の育児の疲れが、このような惨事を引き起こした主な原因とされている。事件を起こした母親は、当然、責められるべきである。幼い子どもにとって母親は命の綱ともいえる存在であり、この子どもたちがどれほど苦しんで死んでいったかと思うと、赤の他人の筆者でさえ辛くて仕方がない。

その一方で、母親に対してまわりが支援を効果的に行えなかったことも考えなければならない問題である。少子化と孤立化が急速に進む中、子育てに関わる親（とくに母親）は大きな負担を感じやすい。自分だけでしなくてはならないという意識が、母親をどんどん暗い方へと押しやる。また、母親は子育てだけに自分のすべてを捧げるといった、これまでの考え方が通用しない場合も増えてきている。

家族のあり方も大きく様変わりした。核家族化と少子化が進んでいることは、かなり以前から言われてきたが、現在では、家族そのものの存在自体が崩壊しつつある。母親が結婚と離婚を繰り返し、その過程で、父親の異なる兄弟が次々生まれるというケースにも出会った。この場合は、新しい父親と血がつながらない子どもとの関係が、うまくいかないことが根底にあった。それが子どもの学校での生活に影響を及ぼし、落ち着きがなく乱暴な言動が出始めた。これに加えて、別れた父親が子どもと接触し、母親とのつながりも切れていないようであった。ここまで事情が複雑になると、学校だけで対処することは無理であった。

担任から管理職に、この家族の状況が伝えられた。学校、とくに公立の

学校は、行政機関の一部だけに、関係機関との連携が期待できる。親にとって馴染みが薄く少し敷居の高い役所も、学校から話を持っていくことでスムーズに行きやすくなる。このケースでも、学校から役所の福祉課へ支援の要請が行われた。経済的な面でも支援が必要であった。さらに、母親に対する心理面も含んだ子育てへの支援も求められた。学校は、家庭の状況から心理面で動揺しがちな子どもを受容的に対応した。その結果、この子どもは無事、小学校を卒業した。今日、このようなケースは、決して特殊なものではない。

　昔なら、家では祖父母、地域ではご近所の知り合いなどが様々な場面で母親の子育てを支援していた。現在では、このような血縁や地縁が、とくに都会では失われている。それを補う存在は、やはり「学校」であろう。現在は、ほとんどの子どもが、幼稚園もしくは保育園に通う。小学校は就学義務があるので子どもが学校へ通うのは当然である。これによって、親は「学校」と関わりを持つことになる。そこで、幼児教育や初等教育に携わる者は、保護者（主に母親）と社会をつなぐ役目も担うのである。

　育児にしんどさを抱えた保護者の相談相手になって、相手の話をしっかり聴く。その上で、教員の持っている知識やネットワークを活かして、必要な支援やアドバイスをする。保護者にしても、学校の教員なら話し相手として安心感があろう。教員には、子どもの成長を支援していくことを通して保護者と関わっていくことが基本である。しかし、この逆、つまり保護者の支援を通して子どもの成長を促していくことも、今、切実に求められている。

## 5　日常性を活用した教育相談の場合

　教育相談は、カウンセリング、中でも医療場面での心理療法とは異なる面がある。カウンセリング、とくに精神分析理論をもとにする心理療法では、非日常性を活かすために「制限」を設ける。時間（カウンセリングが行われる時間）、場所（面接を行う部屋）、人（カウンセリングを受ける人と行う人）の枠を厳しく定める。日常生活ではありえない場を創ることによって、カウンセリングを受ける人が抱える悩みや不安を軽減するのであ

る。一方、教育相談は、学校教育と関わりのある場、たとえば学校内や教育センターで行われるため、「制限」の扱い方が異なる。両者の相違について、筆者が関わったいくつかのケースを例に取り上げてみる。

　母親が夫の急死がきっかけで精神的に落ち込んでしまい、娘（小学校4年生）も登校を渋りだした。筆者は子ども担当となり、プレイルームで共に遊んだりおしゃべりした。母親は別室で、母親担当のカウンセリングを受けた。母親も子どもも担当者とよい関係ができ、状況が少しずつ好転していった。ある日、母親が風呂敷包みを持ってきた。理由を尋ねると、「今日はお茶会をしようと思って、用意してきました」とのことだった。筆者と母親担当者は驚きつつも、この申し出を受け入れた。4人で和気あいあいのお茶会となった。夏休みには、一緒に訪れた弟（小学校1年生）も共にプレイルームで遊ぶこともあった。

　子どもが筆者とお姫様ごっこをしたとき、子どもはお姫様、筆者は侍女の役を演じた。子どもが、その場面を母親と母親担当者に観てもらいたいと言い出した。厚手のシーツをまとい、手にはプラスチック性のマラカスを持って、子どもはお姫様になりきっていた。観ていた母親と母親担当者も、驚きながらもとても喜んだ。

　このような対応の仕方は、一般的なカウンセリングが設ける「制限」からは、確かに逸脱している。このようなやり方は、精神分析の理論をもとにした考え方では、ありえないものであろう。「非日常性」を構築できないからである。しかし、教育相談の場面では、学校と関わる部分が存在するため「制限」が守られにくいが、その分、日常的な関わりが許される。学校は日常生活の場であるので、学校内で行われる教育相談では、よりその傾向が強まる。

　筆者は、教員として勤務していたとき、教育相談の一環として、プレイセラピーを行った経験がある。対象は、自閉症やADHD（多動性・注意欠陥障害）などの発達障害を持つ子どもたちであった。この時、親とも連絡を取り合い、その要望に耳を傾けつつ発達障害を持つ子どもたちに関わった。まわりの教職員に、筆者の関わりの意味とやり方を理解してもらう努力も続けた。

「日常性」の中に存在する癒しのもとは、安心感であろう。いつもの慣れ親しんだ世界であるからこそ、ホッとできる感覚があるということでもある。料理にたとえれば、家庭での「おふくろの味」、たとえば毎朝のお味噌汁に当たろうか。ちなみに「非日常」の世界は、めったに行かない料亭の懐石膳になろう。どちらも、捨てがたい味であることは間違いない。

## 教育に携わる者の役割

　様々な人間関係の中でも、親子関係にはとくに深いつながりが存在する。なぜなら、これは他の誰かに替えることができないものだからである。それだけに、いったんこじれると、気持ちのやり場を失って苦しさだけが募っていく。冷静に客観的な視点で考えていくことが難しくなり、最終的に親子にとって不幸せな結末をもたらしてしまう。今日、社会問題化している虐待は、それが明確に現れたものであろう。だからこそ、冷静に、また客観的に、親子のありようを見つめる目と、温かく受け止める心が不可欠である。

　社会の変貌は、急激なスピードで進んでいる。社会の基底としての家族のあり方も例外ではない。逆に、家族のあり方の変化が、社会の変貌を推し進めている面も否定できない。それだけに、客観的な視点と温かい受容の両面を持ちうる可能性がある学校教育に携わる者の果たす役割は小さくない。変貌する社会と家族をしっかりと見つめて支えていく心構えが、今日、教育に携わる者に求められている。

入門 臨床教育学 | 第7章

# 「問題」生徒への支援
―中学生の「感じ方のズレ」と「命のすごさ」の実感体験を通じて―

Klinische Pedagogiek

## 中学生が見ているもの

　「最近の生徒は、何を考えているのかよく分からない」と感じ始めたのは、今から20年近く前のことである。当時、中学校に勤務していたが、この感覚は自分だけのものではないような気がしていた。今でも、新聞やテレビ、インターネットなどで、深刻ないじめや暴力事件などが報じられると、その頃の感覚が蘇ってくる。ニュースに登場する加害者はあまりにも冷酷であり、身近な他者の苦しみに対する想像力に著しく欠けるように思える。まるで相手を同じ命を持った人間として認めていないかのようである。こうした生徒を前にして、果たしてわれわれ教師の「指導」はどこまで通用するのだろうと感じてしまう。

　しかし、理解不能と思える行動も、彼らにとっては何らかの「意味」があるはずである。そして、たとえそれが大人から見て他愛のないものだとしても、彼らは彼らなりに「どうしてもなくてはならない」「しないではいられない」という重要性や必要性を感じている。われわれ教師は、一切の憶見や独断を排して彼らの「意味」を理解しなければならない。

こうした「どうしてもなくてはならない」「しないではいられない」という感覚を「現実感」とするとき、生徒理解にとって、彼らがどのような対象に強い「現実感」を抱いているのかを知ることは非常に大切である。彼らが抱く「現実感」をすべて容認することはできないが、彼らに人として大切なものに気づかせ、自己指導能力を開発するためには、まず、彼らが何を見ているのかを、教師は知る必要がある。

　本章では、前半において中学生の「現実感」に関する調査をもとに、今まで見えてこなかった中学生の「現実感」の一例を示す。また、後半では、こころ豊かな青少年の育成を目指して平成5年に開設された「兵庫県立山の学校」（以下「山の学校」とする）の実践を通して、生徒を理解する上で共有する価値を創り出すことの重要性について考えたい。いずれも、分かりにくいと感じる生徒を理解するために、新たな可能性が秘められていると考えるからである。筆者は、研究者ではない。自らの経験をもとにして、可能なかぎり学校現場の視点で論を進めていく。それが、どこまで普遍的たり得るかは分からないが、教師の視点を含めた学校のあり方を考える契機となれば幸いである。

## 教師と生徒の意識の「ズレ」

　冒頭で述べたように、20年前「問い」の答えを求めて、筆者は平成7年4月から2年間にわたる長期研修に臨んだ。その頃、都市部では公立中学校離れが進んでおり、公立中学校に生徒が入学してこないという、これまでになかった現象が急速に進んでいた。学校の相対化とも言えるこの現象は、まさに公立中学校の危機を感じさせるものであった。公立学校には、生徒が入学して当たり前という時代は終わろうとしていると感じ、10年後も同じ形で公立中学校が存続しているかどうか確信が持てなくなった。当時勤務していた中学校の近隣には、私立の中学校がなかったが、あったとしたら、子どもたちや保護者は公立学校を選択しただろうか。さらに言えば、公立中学校は、どうしても入学したいと思わせる魅力を持ち合わせているのだろうかという疑問を拭えなかった。

そして、最も気になったのは、筆者を含めて、これまで教壇に立つ教師が、そのような「疑問」を持っていただろうかということだった。人は、自明であると思う事柄に対して、思考を停止してしまうことがある。「なぜ」や「本当にそうなのか」という問いかけを忘れてしまう。いわゆる「括弧」に入れるという状態である。そうした状態になってしまえば、生徒が毎年必ず入学してくることも、教師の指導に従うことも「当たり前」のことになる。また、生徒指導においても、生徒の行動が本当に「問題」なのかどうかの判断は、すべて教師に委ねられることになるだろう。そこでは、生徒が今、何を考え、どんなものにどういう「意味づけ」を、どの程度しているかという吟味は必要ない。「だめなものはだめ」という毅然とした姿勢は、時に必要ではあるが、いつもそうした姿勢では、「指導が通じない」生徒と「分かっていない」教師がすれ違うばかりである。
　両者の意識のズレが致命的なものとなる前に、まずは、教師がズレの存在に気づく必要がある。筆者は地元の中学校教諭と兵庫教育大学の大学院生の協力を得て、中学生と教師の間にある意識のズレを目に見える形にしようと考えた。
　筆者は、学校において「問題」とされる生徒の行動のうち、教師が強く否定すると思われる行動として「学校でのピアス装着」を取り上げ、その是非を教師と生徒双方に問い、両者の意識の差を見ることにした。地方の学校では、ほとんど差が出ないかもしれないという不安もあったが、結果は筆者の予想を遙かに超えるものだった。両者の差は歴然としていた。しかも、「学校でピアスを身につける」という行為に対する生徒の「意味づけ」の中には、教師が気づいていない内容が確認できた。
　まず、教員に対する調査として、T中学校の教員37人に対して、以下の質問に自由筆記で回答を求めた（調査Ⅰ）。質問は、「あなたは、生徒が真剣に、『どうしてピアスをつけて学校に来てはいけないのですか』と聞いてきたら、どう答えますか」である。得られた回答を、教師がピアスを規制する根拠別に分類すると、以下の4つの説に分類することができた。なお、各説の合計が37人を越えているのは、各回答を含まれる根拠によって、2つ以上カウントした場合があるためである。

（1）不要・不満説〈16人〉
　●ピアスは学校生活には不要であり、学習の妨げになるとするもの。
　●ピアスをはじめ不要物を持ってきたり、校則に反した行動をとるのは、学校生活や家庭生活に対する何らかの不満の代償行為であり、生徒もピアスそのものに価値を認めているわけではないとするもの。
（2）危険説（健康安全面）〈11人〉
　●中学生が自らの体を傷つけるのは、健全な成長を阻害する危険性があるとするもの。
（3）時期尚早説〈7人〉
　●ピアスそのものを否定するものではないが、今は他にやるべきことがあるはずだとするもの。また、経済的に自立して責任が取れるようになってから身につけるべきとする考え。
（4）内面的個性重視説〈5人〉
　●ピアスは外見を表面的に飾るだけであって、本当の個性とは認めがたいとするもの。
（5）その他〈8名〉
　●明確な根拠をあげずに、「まず、着けてきた理由を生徒に聞いてみる」という回答が8名あった。

　この結果については、ほぼ予想通りであった。自由筆記の回答は、37人中29人が学校でのピアス装着に否定的な文脈で書かれていた。残りの8人（上記（5）のその他）は、一方的に行為を否定せずにその理由を聞いており、生徒の「意味づけ」を探ろうとしているように見える。しかし、なぜ理由を聞くのかという問いに対しては、「さらに深刻な問題行動へ発展しない歯止め」と考える回答がほとんどであった。
　このように、教師は、学校におけるピアス装着を「よくない」行為と判断し、各説にあげたような根拠をもって生徒を指導していることがうかがえた。
　次に、こうした根拠を教師の指導観として捉え、その指導観を生徒はどう受け止めているのかを調べた。つまり、危険説を除く3つの説をもとに

作成した「架空の教師の発言」を生徒に提示し、それぞれどのように感じるかを生徒にその是非について聞いてみた（調査Ⅱ）。

発言1　「ピアスは自分らしさを表現するものではない。自分らしさとは内面的なものだ」〈内面的個性重視説〉
発言2　「何か不満があるから、どうでもいいことに気をとられるんだ」〈不要・不満説〉
発言3　「今しかできないことはもっと他にある」〈時期尚早説〉

次の表は、調査Ⅱの結果をまとめたものである。

|  | ①先生の言うとおりだと思う | ②必ずしもそう思わない | ③全くそう思わない |
|---|---|---|---|
| 発言1 | 56.7 | 38.5 | 4.8 |
| 発言2 | 19.8 | 60.4 | 19.8 |
| 発言3 | 63.5 | 28.8 | 7.7 |

（単位：%　回答者数：103人）

　この結果を見ると、発言2の「不要・不満説」について教師の意識とのズレが最も大きい。回答の理由については、「ピアスをすることはどうでもいいことじゃない」というものが最も多く、「自分で決めたことだからそれでいい」、「自分で決めたことをどうでもいいことだと決めつけられたくない」など、自分の意思にこだわるものが続いた。とくにこの発言の中で、教師がピアス装着を「どうでもいいこと」と断言していることに強く反発している。また、発言1に対して②または③と回答した45人のうち、10人が、「自分らしさは外見にも表れる」としており、ピアスを身につけることを「自分らしさ」と結びつけている。

　　自分らしさというのは、確かに中身もあるかもしれないけれど、外見でも自分らしさが表せてもいいんじゃないかと思う。自分にしかない

自分らしさがピアスをすることでわかってもらえることもあると思う。（3年女子）

　こうした結果から2つのことがうかがえる。1つは、彼らが自分の行動について付与している「意味」を、十分に理解してもらいたいと強く思っているということである。「どうでもいいこと」と断じられることに対する反発は、その表れであろう。もう1つは、ピアスが「自分らしさ」の表現の1つであると考えている生徒が少なからずいるということである。また、彼らは、ピアスを身につけることによって内面をも表現できると考えている。教師に対する調査では、学校でのピアス装着が自分の内面を表すことがあるという回答はまったくなかった。
　「どうでもいいこと」という教師の発言（架空）に強く反発するのは、その行為が「自分らしさ」と結びついた「どうしてもなくてはならない」行為であるにもかかわらず、それを教師から頭ごなしに否定されるからである。彼らの考えが正しいかどうかは分からないが、少なくとも生徒たちは、自分は正しいと真剣に感じている、その度合いの強さに気づいてほしいと願っている。
　しかし、学校現場で多くの生徒の問題行動と遭遇し、その指導を経験してくると、ピアスをはじめ校則違反を繰り返す生徒が次第に成績が下がり、生活態度が乱れ、最後には深夜徘徊や薬物使用にいたるような生徒との出会いが多くなる。教師は、教育者の善意と経験則に基づいて「このまま放置すれば必ずもっと深刻な事態が起こる」と予測し、「今のうちに何とかしてやりたい」と考える。また、じっくりと話を聞くことは大切だと考えながらも、もたもたしているとその生徒が別のトラブルに巻き込まれることもあるため、早く決着をつけてやりたいと思う。そうした思いが強いほど、指導の口調は厳しくなり、生徒の声を「言い訳」「一時の気の迷い」として十分に耳を傾けなくなる。そうした指導はあくまでも教師の善意から生まれるのである。しかし、生徒は教師の善意を感じるより先に、自分の付与した「意味」を聞いてくれない、分かってくれないとして、口を閉ざしてしまう。善意であるがゆえに、結果的に生徒の「私たちのレベルで

聞いてほしい」という願いを閉じ込めてしまうのである。

　そうした事態を防ぐには、「問題」とされる事象にのみ目を向けるのではなく、そこにある「意味づけ」に注目しなければならない。教師も生徒も自分らしく生きたいと願っているはずである。「自分らしさ」という共通の価値に遡って、共にその意味を考えることが必要である。生徒がピアスに込めた「自分らしさ」は、教師から見れば、いかにも浅薄で的外れなものかもしれない。もしそれが本当だとしたら、教師はさらに高い次元で「自分らしさ」という価値に出会うように仕向けなければならない。強い「現実感」を持って見られている対象や行為には、必ずその人にとって重要な意味が付与されている。まずは、その「意味」がどんなものかを知ることから始めなければならない。そして、彼らの「意味づけ」が浅薄なものであったり、間違ったものであると判断したとき、互いに共有できる価値まで遡り、そこを起点として次の行動を考えさせることが大切となる。

## 共有できる価値を創り出す実践

　前述したように、一見、理解困難と感じる生徒であっても、その行為に付与された「意味づけ」と「現実感」の強さに目を向けることによって、理解できる可能性は十分にある。これは、近年の凶悪な犯罪や陰湿ないじめの加害者となるような、いわば極端に思える生徒にも通用するといえるのだろうか。その答えを出すための重要なヒントを与えてくれる学校がある。それが、「兵庫県立山の学校」（以下「山の学校」とする）である。

### 1　「山の学校」の概要
　兵庫県南西部の豊かな自然に囲まれた、宍粟市の山あいにある「山の学校」は、全国でも珍しい公立のフリースクールである。
　同校は、「自然を中心とした学びの場で、様々な体験活動をとおして、たくましく生きる力を培い、自信と勇気をもって兵庫の未来を拓く、こころ豊かな青少年を育成する」ことを趣旨として、平成5年1月20日に開設された全寮制の学校である。修学期間は1年間、対象者は、「義務教育修

了以上の15歳から20歳（当該年度の4月1日現在）までの県内在住の男子」。なお、学校行事などの例外を除き、原則として、土・日曜・祝日は休業。授業料は無料（ただし、月納金4万円（食費・個人教材費・社会見学費・研修費等）及び入学時に必要な経費（ブレザー・実習服・トレーニングウェア・安全靴・帽子・カッパ・長靴・弁当箱・水筒・傷害保険料　等）として9万円が必要）。

　設立当初の状況を、初代校長の森本氏は、以下のように述べている。

　　　山の学校には、様々な理由で学校教育になじめなかったり、中学校や高校卒業後の進路が決まらなくて迷っていたり、家庭の温かみを十分に知らなかったりといった、いわゆる「居場所のなさ」に苦しんでいる子も数多く入学してきます。
　　　森本悦生『山の学校―ひたすら夢とロマンを追い求めて―』
　　　協和印刷、1995年、4頁。

　これは私見であるが、学校設立の背景には、当時問題となっていた高等学校中退者など、目的を見失った若者に生きることの実感を持たせ、本来持っている有り余るほどのエネルギーを、自律的に生きることに使う喜びを持ってほしいとの願いが込められていたのではないかと考える。
　現在、山の学校は、兵庫県企画県民部県民文化部青少年課からの委託を受け、公益法人兵庫県青少年本部が管理運営を行っている。したがって、山の学校は、学校教育法や学習指導要領の制約を受けないため、そのカリキュラムは自由な発想で編成されている。そのカリキュラムは、以下のように、5つの領域とそれぞれの目的に応じた内容を持っている。なお、内容としてあげたものの中に、一部現在は実施していない行事などを含む。

　①自然と共に生きる
　　森の学習（森林学習及び実習、造園学習及び実習）
　　・森林理解（森林に関する基礎的な知識を学ぶ）
　　・杉檜の播種　・育林　・伐木、運材　・林業機械

・測量　・林産加工
　　・刈り払い機の取扱いとチェーンソーの取扱い
　　・造林地下草刈り　・枝打ち：下枝、高枝　・選木、間伐、搬出
　　・植林　・森林管理道作設、補修　等
②こころを揺り動かす体験活動（ものづくり体験、野外活動）
　　・木工（ベンチ、花台、ツル細工　等）　・木炭窯入れ
　　・木炭窯出し　・畑、苗圃の管理　・椎茸植菌
　　・クリスマス装飾品作り　・茶の栽培　・名水探検
　　・野菜の植え付け及び収穫　　・千種川沿い縦走
　　・登山（氷ノ山、高御位　等）　・冒険プログラム　等
③生き方を考えるキャリア教育
　　・職場体験　・刈り払い機作業従事者安全衛生教育
　　・チェーンソー特別教育　・履歴書作成
　　・小型車両系建設機械　・小型フォークリフト特別教育　等
④仲間と共に生きる　社会の中で生きる
　（学校行事、学級行事、地域交流活動）
　　・入学式　・三者懇談　・研修旅行　・修了式
　　・宍粟（地元）の山体験　・誕生会、映画会　・餅つき
　　・職場体験事前学習　・修了記念品作り　・修了文集作り
　　・姫路緑化キャンペーン　・里山保全事業　・宍粟市さつき祭
　　・ひょうご森のまつり　・兵庫県民農林漁業祭
⑤こころ豊かに生きる
　（一般教養、HR・課外活動、文化、スポーツ）
　　・普通救急救命講習　・人権福祉学習　・薬物とタバコ
　　・環境学習：森のはたらき、森林環境の観察、地球温暖化、酸性雨
　　　等　・農林水産技術総合センター見学
　　・料理教室　・朝の学習（作文、パソコン）
　　・交通法規と免許取得　・工芸　・寮行事（誕生会、映画会）
　　・陶芸　・書道　・絵手紙作制　・サイクリング　・水泳
　　・ゴルフ　・卓球　・パラグライダー　等

## 2　子どもたちの「問題」について

　筆者は、「山の学校」に平成15年から17年までの3年間勤務した。わずか3年間ではあったが、この間、それまでの公立中学校教諭の17年間の経験をはるかに凌駕する貴重な経験を得た。まさに、筆者にとって衝撃的な出会いとなった。ここで経験し、学んだことは、それ以後の筆者の「教育観」に絶対的とも言える影響を与え、本当の教師の役割とは何か、学校の意味とは何か、そして教育とは何かについて深く考えさせられた。

　本来、「教育とは何か」といった問題は、教師が常に意識すべき「命題」である。しかし、学校現場は多忙である。日々の授業の準備や成績処理、校務分掌上の業務はもちろん、毎日のように起こる問題行動への対応に追われる。教師は、こうした「命題」を、一旦「括弧」に入れなければ、日々の教育活動に対応できない。しかし、一度「括弧」に入れて思考を停止させてしまうと、それが当たり前の状態となってしまい、いつか「括弧」に入れていることすら自覚しなくなる。山の学校に赴任するまでの約17年間、筆者はまさにそうした状態であった。しかし、筆者は、山の学校の子どもたちと出会うことによって、強制的に「括弧」を外す作業を強いられた。

　彼らの多くは、筆者のことを教師としてではなく、一人の人間として評価した。彼らには「教師」という立場は通用しなかった。彼らは純粋に、そして真剣に「お前は、一人の人間として、自分たちに何を与えてくれるんだ」という切実な「叫び」を、筆者にストレートにぶつけてきた。その「叫び」の裏側には、彼らの多くが「学校」という枠組みの中で「居場所を確保させてもらえなかった」という、ある種の不信感に近いものがあったのではないかと思う。このことに気づいたとき、筆者は、教師の言うことは聞くのが当たり前という意識で子どもたちの前に立ってきた、傲慢な自分に向き合わざるを得なかった。

　これまで筆者は、子どもたちを「問題」の対象とすることには戸惑いを感じてきた。まして、一部の子どもたちにのみ「問題」があるような視点は教師として持つべきではないと考える。先般、文部科学省が示した「生徒指導提要」にもあるように、われわれはすべての子どもたちが何らかの「問題」を抱えていると考えた方が妥当である。また、「問題」とは、ある

事象や傾向などが「『問題』である」と捉える者の存在によって初めて「問題」となり得るという視点を忘れてはならない。

彼らの多くは既存の学校に対して「居場所を確保させてもらえなかった」という思いを抱いている。それが、学校や教師、あるいは大人に対する不信感として筆者に伝わってくるのは、彼らが「分かってもらいたい」、「認めてもらいたい」という切実な思いを持っているからである。

たとえば、彼らはよく「どうせ」という言葉を使った。「どうせ、あんたも俺たちのことを信じてないんやろ」、「どうせ、俺にはできんと思ってるやろ」など、自暴自棄ともとれる言い方である。決して本音ではないとしても、子どもたちが、自分たちの置かれた状況や環境をあきらめを持って受け入れてしまっているのである。同時に「自分は、こういう状況だから、仕方ないじゃないか」という状況や環境に対する一種の甘えでもあるように感じる。

しかし、「山の学校」に入学してくる子どもたちは、少なくとも義務教育を修了しており、1年後には、社会の中で生きていかなければならない。いつまでも、家庭や学校で認めてもらえなかった不信感や、周囲に対するあきらめを引きずっていくことは、彼らが自律した人生を送る上で大きな障害になる。彼らにとって必要なことは、社会の中で自分の居場所を確保するための前向きな思考と具体的な手段を身につけることである。前向きな思考は、自分に対する自信を基盤として「自分がここにいることには、確かな意味がある」という実感を持つことで形成される。また、基盤となる自信は、どこかで「居場所を確保した」経験を拠り所にすることで揺らぎないものとなる。

体験活動を中心とした「山の学校」の様々な取り組みに意義があるのは、子どもたちに「自らの努力や工夫によって居場所をつくった」という経験（子どもたちにとっては、実績ともいえる）につながるからである。こうした経験によって、彼らは自信を回復するとともに、なぜ自分が学校という社会の中で認められることが少なかったのか、あるいはなぜ自分はそう感じたのかという意味を冷静にふり返ることができる。「山の学校」の子どもたちに何らかの「問題」があるとすれば、自らの行為が周囲にどのよ

うに映っており、どういう意味連関の中で相手に伝わってきたのかを理解するときに、いわゆる「メタ」な視点を持てなかったことにある。

## 3　命の「すごさ」を知る体験

　「山の学校」における様々な取り組みの中で、筆者が最も印象的だったのは、チェーンソーを使って実際に木を倒す「間伐」の実習である。空に向かってまっすぐに伸びた木が、少しずつ倒れていく。身につけた葉が周囲の木の枝や葉と擦れ合い、大雨が降ったかのような音を立てる。その音は、地面に近づくほどに大きくなり、世界のすべての音をかき消すほどに感じる。そして、加速度的にスピードを増しながら、木は最後に地面にその身をぶつける。その衝撃は、大地を通じてそこにいるすべての者に伝わり、大きな音は、まさに「断末魔」の叫びというにふさわしい。数十年「生きて」きた木が、その意に反して、人の手によって自らの「命」を絶たれる。その意味の重さを前にして、子どもたちは言葉を失う。「命」の持つ荘厳さと迫力を肌で感じる瞬間である。そして、そこにいるすべての者が同じ感動を共有し、「仲間」であることを実感する。

　しばらくして、子どもたちは、今、ここで起こっていることが、まさに自分たちの行為によって引き起こされた「事実」であると認識し、「命」の意味を体に沁みこませる。自分の力で壮大なるものに何らかの影響を与えたという実感は、何ものにも変えがたい「生きている実感」へとつながる。自分は、確かに生きてここにいるのだという実感である。

　しかも、彼らは、実際に木を切るにいたるまで、何日もかけて専門家から講習を受け、何度も何度もチェーンソーの刃を付け替える練習をし、安全な機械の扱い方について徹底的に練習するのである。そうした、地道な積み上げによって初めて彼らは、「命」と直接向かい合う「資格」を得る。中途半端な知識や技術のままでは、同じ場所で作業する「仲間」の生命を危険にさらすことになる。甘えや妥協は絶対に許されない。

　彼らの多くは、この経験を通じて、本当に大切なものに出会うためには、それ相応の覚悟と準備が必要なのだということを理解する。そして、その場にいたことに誇りを感じ、自分に対する誇りを持つことができる。同時

に、同じ経験をした者を仲間として認め互いに尊重し合うことができるようになる。その仲間には、大人である指導員（教師）も含まれる。

　人間にとってほぼ疑いようのない価値としての、命の「すごさ」を教師と生徒、あるいは子どもと大人が共有することができれば、お互いを同じ尊さを持った命あるものとして認め合うことができる。それは、「山の学校」が、自然や命と直接ふれあいながら様々な実践を続けているからである。「山の学校」の実践は、特殊な環境によって成り立つ特殊な例として見ることもできる。しかし、一見理解できないと感じてしまう生徒に、教師がどのように関わるかは、どんな学校でも重要な課題となっているはずである。その課題を克服する上で、「山の学校」の実践はかなり重要な意味を持つ。

　「山の学校」では、修了式で一人ひとりに手づくりの修了証書を渡す。彼らはそれをしげしげと眺める。実に穏やかな顔である。「山の学校」の修了証書は、高校の卒業証書のような法的な根拠を持たない。けれども、彼らは実に大事そうに抱えて帰る。彼らは確かにここに自分の居場所を見つけた。その満足感に酔う瞬間である。修了したという結果ではなく、実際に、自分が充実感を持って活動してきた実績の積み重ねに意味があった。ほとんどの生徒は、ここに来て初めて確固たる居場所を確保したといってもいい。「命」という大きな価値につながれて、彼らは仲間や大人に心を開いていった。その自信の大きさは計り知れない。

　生徒が自らの行為にどのような「意味づけ」をしているかに注目することは、これまでも多くの教師によってなされてきた。しかし、そこに込められた「現実感」を教師はどこまで重視してきただろうか。彼らの「意味づけ」の善し悪しを判断する際に、彼らがそこに見出している「意味」にどれほどの重要性を置いているのかを感じなければならない。それがなければ、両者の間の温度差は広がるばかりとなるだろう。

　そうした温度差を縮めるために、共通した価値まで遡り（あるいはつくり出し）、そこから現在の行為について見つめ直す作業が必要である。

入門 臨床教育学 | 第8章

# 中学校におけるいじめ指導

Klinische
Pedagogiek

## 繰り返されるいじめ事件

　中学校における生徒指導上の諸問題の中で、とくに重要視され、マスコミに取り上げられることが多いのが、いじめによる自殺事件である。1986年の鹿川君（中野・富士見中学いじめ自殺）事件、1994年の愛知県における大河内清輝君いじめ自殺事件、2005年には北海道滝川市の小6女子、2006年には福岡県筑前町の中2男子をはじめとする自殺事件が相次いで発生し、2012年の大津市いじめ自殺事件もマスコミに大きく取り上げられた。このようにいじめ問題は、過去何度も繰り返し、大津市のいじめ自殺事件は、再び日本社会に大きな波紋を呼び起こすこととなった。いじめが社会問題となる最大の契機は、追い詰められた子どもたちの自殺とその遺書であり、マスコミの連日の報道とこれによる国民の不安感情である。
　どうしてこのような事件が繰り返されるのか。教育現場においては、われわれ教師は決していじめについて見て見ぬ振りをしているのではなく、日々絶え間なくいじめ根絶に向けての取り組みを行っている。また、われわれ教師は、このような事件が起こるたびに、今まで以上に「いじめ」という言葉に敏感になり、生徒たちへのアンケートを実施するなどして、それぞれの学校において、そのような事象が起こっていないかを再確認・再点検をしている。にもかかわらず、どうして大津市の事件のようなことが

繰り返されるのであろうか。

そもそも子どもたちは、いじめが相手にとっては悪いことだと分かっている。ただ、いじめに加わっている子どもは、具体的に自分が行っていることがいじめだと思っていなかったり、かすかに思っていたとしても、その行為が、自分にとって楽しいことは否定できず、罪悪感がないのである。このようなことは、いつ何時どの学校においても起こりうることである。また、いじめは学校文化においては、一種のコミュニケーションの手段となっている。それが事実上犯罪レベルに達しつつあるのは、学校の、というよりは、学校を含めての社会一般の病理の結果であろう。

## いじめ問題の基本的視点

### 1 定義

警視庁の定義では、「いじめとは、単独、また複数の特定人に対し、身体に対する物理的攻撃または言動による脅し、嫌がらせ、無視等の心理的圧迫を反復継続して加えることにより苦痛を与えること」(警視庁保安部少年課、1994年)としている。

文部省(当時)は『児童生徒の問題行動等生徒指導上の諸問題に関する調査』(いわゆる『問題行動調査』)を開始するに当たって、いじめの定義を1986年以降、「①自分より弱い者に対して一方的に、②身体的・心理的な攻撃を継続的に加え、③相手が深刻な苦痛を感じているもの。なお、起こった場所は学校の内外を問わない」としていたが、2007年に文科省は、個々の行為が「いじめ」に当たるか否かの判断は、表面的、形式的に行うことなく、いじめられた児童生徒の立場に立って行うものとし、いじめの定義を「当該児童生徒が、一定の人間関係のある者から、心理的、物理的な攻撃を受けたことにより、精神的な苦痛を感じているもの」と変更した。ここでいう「一定の人間関係のある者」とは、学校の内外を問わず、たとえば、同じ学校・学級や部活動の者、当該児童生徒が関わっている仲間や集団(グループ)など、当該児童生徒と何らかの人間関係にある者を指している。また、「攻撃」には、直接に身体に加えられるものではない、「仲

間はずれ」や「集団による無視」など心理的な圧迫などで相手に苦痛を与えるものを含む。また、「物理的な攻撃」は、身体的な攻撃のほか、金品をたかられたり、隠されたりすることなどを意味している。

また、いじめの定義について、田中美子は、森田洋司や清水賢二[※1]の定義を踏まえつつ、「いじめとは、同一集団内の主体間の相互作用過程において優位に立つ一方が、集合的に他方に対して反復・継続的に精神的・身体的苦痛を与える行為」と規定している。

## 2　構造と態様

いじめの構造[※2]は下図[※3]のように紹介されてきた。いじめは、「被害者」と「加害者」だけの問題ではない。まわりではやし立てたり、喜んで見ていたりする「観衆」は、いじめを積極的に是認する存在である。見て見ぬふりをする「傍観者」も、いじめを暗黙的に支持する存在であり、いじめられている子にとっては、支え（味方）にはなり得ない。したがって、「観衆」も「傍観者」も、いじめを助長する存在だといえる。このような4つの層は、集団の行動のあり方と大きく関係している。

いじめの様態[※4]は、①肉体的苦痛を与えるもの（殴る、蹴る、小突く、

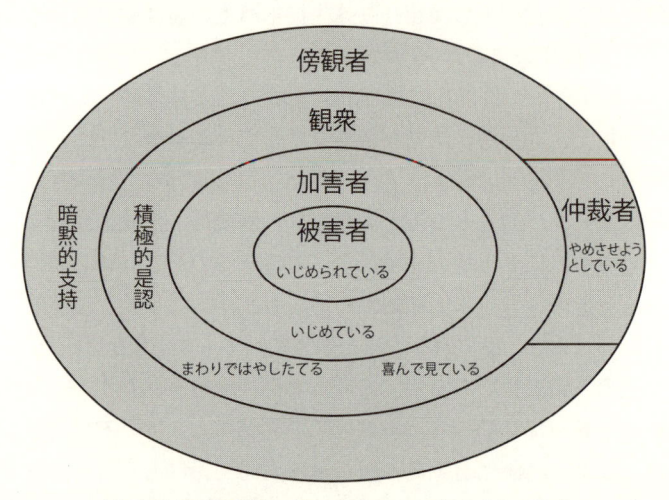

★いじめ集団の構造（森田・清水、1986）をもとに作成

第8章 中学校におけるいじめ指導

物をぶつける、倒す、閉じ込める、たたく、髪の毛を引っ張る、水や泥をかける、プロレスごっこの強要、つねる、けんかをさせる、火を押し付ける、鉛筆やコンパス・画鋲などを突き刺す　等）、②精神的苦痛を与えるもの（無視、嫌がらせ、言葉によるもの、仲間外れ　等）、③犯罪行為（金品の強要、万引きや窃盗の強要、暴力、けがを負わせる　等）、④性的ないじめ（服を脱がす、抱きつかせる、性的行為の強要　等）に分類している。

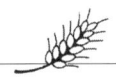

## 本校のいじめ問題に対する取り組み

　本県においても、X市で市立中学2年の女子生徒が同級生にいじめられて蹴られ、負傷した問題で、県警X署が傷害容疑などで、同級生の少女を書類送検した。学校側の調査では、この少女を含む同級生6人が、いじめへの関与を認めていた。同署はこの少女のほかに、かばんを蹴るなどしたとして、当時13歳だった3人を暴力行為法違反容疑で児童相談所に通告した。残る2人は、関与が薄いとして通告を見送られた。県警によると、少女はX市内の空き地で女子生徒の腰を蹴るなどして、軽い打撲を負わせ、他の生徒は加害生徒と共に、女子生徒のかばんを蹴るなどしたとされる。女子生徒の両親が同署に被害届を提出し、受理されていた。学校側はいじめがあったことを認め、加害生徒らと共に両親に謝罪し、いじめの事実関係について調査を進めた。

　この事件は、大津市の男子生徒の自殺が大きくマスコミに取り上げられる中で出てきた問題である。県教育委員会は、この事件も含め、いじめを大きな問題として捉え、県内すべての中高生にアンケートを実施し、いじめの実態を調査すると発表し、県立学校と各市町村教委に通知した。また、地教委から各校において、いじめに対する指導のあり方について、再確認・再点検するように通達が出された。本校においても、独自に次のような取り組みを行うことにした。

----

【学校長提示　平成24年9月12日】
　いじめは、いずれの学校でも起こりうる問題で、本校にもいじめはある

ということを認識しなければならない。「学校はいじめや暴力を絶対に許さない。一人一人を守っていく」という強いメッセージをしっかりと発信して、今までに増していじめや暴力をなくす真剣な姿勢で臨んでいく。これからも生徒理解を深め、生徒・保護者との信頼関係を強め、生徒が発する小さなサインを見逃すことのないように、いじめへのアンテナを高くして、人間関係の変化に注意しながら、いじめの未然防止、早期発見・早期指導及び再発防止のために全職員が協力して取り組んでいかなければならない。

（1）いじめの早期発見や事後対応だけでなく、いじめが起きにくい土壌づくり、即ち「なかまづくり」に力を入れる。「自分は他者に認められている、大切にされている」という自尊感情を持てることが、「他者を認められる、大切に思える」気持ちにつながるのだから、互いを認め合える人間関係づくりをしていく。
（2）いじめを把握した場合には、職員間での緊密な情報交換と共通理解を行い、迅速な対応をしていく。学校が主体的に取り組むのは当然であるが、速やかに保護者に協力をお願いし、状況に応じて教育委員会及び関係機関との連携を図る。
（3）教師からの指導だけでなく、生徒同士の話し合いや取り組み、生徒会活動としての取り組みにより、「生徒が生徒を変える」営みを継続していく。いじめアンケートの内容から、「いじめのない学校をつくるためにどうしたらよいか」という生徒の意見を教材化して、話し合いを重ねて、平成24年9月3日の2学期始業式で、生徒会執行部から訴えた「いじめゼロ！アピール」を浸透させる。
（4）9月に実施したいじめアンケートを糸口にして、学級・学年の実態に応じた指導を計画的・継続的に行っていく。学級担任や部活動顧問が単独で取り組むのではなく、全職員が個別の状況に応じたチームをつくり指導に当たる。具体的な指導方法については、その都度、生徒指導部会や学年会議で協議しながら進めていく。
（5）学級の生徒全員を対象にした二者懇談を、学級指導と同時進行さ

せながら、より丁寧で詳細な情報収集を行い、今後の指導に生かしていく。
（6）学校には、心の教室相談員とスクールカウンセラーの職員がいるので、教員と違った立場でカウンセリングするなど補いを行う。ま

---

いじめゼロ！アピール

　この夏、全国的に「いじめ」が大きな問題になっています。いじめられている人の心を深く傷つける「いじめ」。そして、いじめた人にも、人権侵害という重い罪と大きな後悔とを負わせる「いじめ」。そして、その現場に立ち合っていながら黙って見ている人たちが問題を深刻化させる「いじめ」。
　生徒会執行部では、このような「いじめ」がゼロであるように、と考えて、緊急アピールをすることにしました。みなさん、この機会によく考え、今日からの学校生活を送って下さい。

1　仲間をいじめている人へ。いじめは絶対に許されることではありません。どれだけ相手を傷つけているか早く気付いて下さい。そして、すぐにいじめをやめて下さい。
2　いじめを受けている人へ。一人で苦しまないで下さい。あなたの苦しみを理解する仲間はたくさんいます。恐れないで誰かに相談して下さい。みんなでいじめに立ち向かっていきましょう。
3　いじめをみても「やめろ」と言えない人たちへ。自分が傷つくことを恐れ、いま傷ついている仲間を見て見ぬふりをするのはやめましょう。それは自分で手を下さなくてもいじめに加わっているのと同じです。あなたの「やめろ」の一言を、いじめられている人もいじめている人も待っています。「やめろ」といえないのなら仲間や先生に知らせて下さい。勇気を出して下さい。
　　　　　　集団の力でいじめを学校からなくし、
　　　『いじめゼロ！』と誇れるY中学校にしましょう。
　　　　　　　　　　　　　　　　　　平成24年9月3日
　　　　　　　　　　　　　　　　　　Y中学校　生徒会

た、7月時点で県教育委員会や児童相談所、県警察本部などのいじめ相談窓口があることを生徒に紹介した。

このような取り組みを教職員一致のもと、今後の教育活動の中で実践していくことを、夏期休業中の職員会議での学校長の提案により再認識した。

## いじめに関する具体的事例

### 1　A男のケース

　A男はスポーツが得意で、外部のサッカークラブに所属している。クラスでは持ち前の明るさで、いい意味でも悪い意味でも、中心的存在であった。学習に対しては集中力に欠け、苦手意識を持っているものの、授業に対しては積極的に取り組もうとする姿勢が見受けられる。

　ある日の授業のことである。いつもならこちらからのちょっとした問いかけに対しても真っ先に反応してくるA男なのに、その日はまったく反応がなかった。心配になり、「どうしたんや？　しんどいのか？」という問いかけに対し、「何もない。大丈夫や」という言葉しか返ってこなかった。同じクラスの生徒たちに聞いても、「知らん」「分からん」としか返ってこず、本当に友だちも分からない様子であった。あまりにもいつもと違った様子だったので、その授業が終わった後で、筆者はA男の学級担任に授業での様子を報告した。担任がA男に話をしても、筆者としたときの会話とまったく同じであった。担任も心配になり家庭にその日の彼の様子を電話連絡をし、そこで分かってきたことが、ここ数日家庭でも同じような状態で学校へ行くことを渋っていたとのことだった。A男は、理由も言わずに、ただ学校へ行くのが嫌だということだけを母親に訴えていた。母親も担任同様、かなり心配していたようで、担任からの報告を受け、A男に問い詰めてくれたようである。

　そこから学校生活において、他のクラスのE男が、A男のいろいろな言動に対して、プレッシャーをかけているということが分かってきた。E男

は暴力的に物事を解決しようとする傾向があり、多くの生徒からは一目置かれる存在でもあった。A男はプライドもあり、そのことを誰にも話すことができず、このままではE男をはじめ、多くの生徒からシカトされ、いじめられるのではないかと一人で悩んでいたのである。

　また、教師に言うことで、これまで以上にE男から与えられるプレッシャーを、かなり恐れていたようである。A男の母親からの連絡を受け、担任と生徒指導主任の2名で、早速翌日に双方別々に事情を聞き取った。A男も実際、E男に対する悪口を陰で言っていたことが分かってきた。そのことについて、A男からE男に対してきっちりと謝罪することで、お互いの気持ちを確認し、今後わだかまりが残らないように指導ができた。

　このケースにおいては、A男の口数が減ったことを、いじめのサインとしてキャッチできたことで、問題の早期発見及び、学校と家庭との連携がスムーズに行われ、早期解決できたのである。いじめを絶対に許さないという立場に立ちながらも、頭ごなしに叱らずに、教師がA男とE男それぞれの言い分を十分に聞き、理解できる部分は理解し、じっくりと話し合いをしたことが解決につながったように思われる。

## 2　B男のケース

　小学校からの申し送りによると、B男は学校生活全般において、落ち着きがなく、問題行動が多く、学級担任から指導を受けることがしばしばであった。B男は、教師や大人に対して不信感が強く、「教師は生徒を自分たちの思うようにさせたがっている。だから、教師は嫌いやねん」といった発言を中学校入学当初にしていたことを聞いたことがあった。また、友だちの筆記用具を壊してみたり、人が嫌がる発言を平気でしてみたりで、それによる個別指導がたびたびであった。指導に対しては、反抗的な態度を取ることもなく、素直に受け入れているようには見える。しかし、1年生のときは問題行動の繰り返しであった。

　2年生になってからもB男の様子は変わらず、自分が中心になって友だちの傘を壊したにもかかわらず、いろいろな言い訳をし、やったことを絶対に認めないこともあった。そんなB男が、ある日の昼休みに上級生に呼

び出され、今にも手を出されそうなくらい激しい口調で責められていた。そのことに気づいた筆者はただ事ではないように思えたが、何も言わずに彼らの近くで様子をうかがっていた。B男は、一言も言い返すこともせずに、目には涙をいっぱいにためていた。話の内容は定かではないが、B男のブログにその上級生の気に触るような内容の書き込みがされていたようである。筆者が近くにいたこともあり、上級生は手を出すこともなく、一方的にB男に対して、何か約束をさせて話にけりをつけたようである。B男は教室に戻り、昼休みも終わり、掃除も始まっているのに、ずっと窓の外を見て泣いていた。他の生徒が誰もB男に近づいて行かなかったのも、筆者の目には異様な光景として映った。

　この昼休みの出来事については、今後、いじめという形で尾を引くようには思えなかったので、筆者はB男から事情を聞くことはせずに、今後の様子を見守ることにした。この一件から、B男は少しずつであるが筆者に対して、心を開いてくれるようになった。これまで、このような問題事象が起こるたびに、必要以上に事情を聞かれ、指導をされていたB男は知らないうちに大人に対してというか、教師に対して、心を閉ざしていたように筆者には感じられた。「困ったらいつでも言ってこい。守ったるで」という筆者の姿勢を、B男は肌で感じてくれたように思えた。

　いじめを含め、いかなる生徒間トラブルも、なかなか教師や保護者には相談しにくいものである。このケースでは、トラブルに対して、筆者が、見守る姿勢を取ったことによって、筆者とB男との信頼関係を築くことができた。この場合は、事態がよい方向へと進んだが、この問題は一歩間違えれば水面下で潜行するいじめにつながったかもしれない。

## 3　C子のケース

　この事例は、いじめが社会問題として大きく取り上げられ始めた頃のものであり、筆者が新任でお世話になった中学校でのことである。その中学校は県のほぼ中央に位置し、まわりを緑に囲まれた自然豊かな場所に立地している。1町1中学校で、小学校は6校あった（現在は統廃合により2校）。

そのような環境抜群の中学校に、元気いっぱいのＣ子が入学してきた。Ｃ子は３人姉妹の末っ子で、小さいときから甘やかされて育ってきた。小学校のときは、学級でもわがままで、自分の意見を強く主張するため、他の児童からは一目置かれる存在であった。同じ学級に、他の小学校出身のＣ子と性格がよく似たＳ子がいた。２人は意気投合し、Ｓ子の誘いで筆者が顧問をしていた好きでもない水泳部に入部してきた。水泳部は活動が活発で、県大会でも活躍する選手が多くいた。好きでもない水泳部に入部したＣ子なので、練習にも徐々についていけなくなり、活動自体が面白くなくなってきた。わがままではあるが、練習だけは熱心にこなすＳ子の態度が、Ｃ子にとっては、あまりよくは映らないどころか、腹立たしく思えていたようである。Ｓ子も人の気持ちを考えずに発言することがよくあったので、彼女のことをあまりよく思っていない生徒は少なからずいた。

　その頃から、Ｃ子を中心とした数人からのＳ子に対する嫌がらせが始まった。２年生になり、２人は違う学級になったものの、新しい学級でもＳ子は完全にＣ子のグループから孤立させられていった。Ｓ子は何度となく、筆者や学級担任に、涙ながらに自分の苦しい胸の内を打ち明けてくれた。筆者たちは、そのたびに学級や部活で話し合いを持ったが、Ｃ子たちのグループからのＳ子に対するいじめ（この時点ではもう嫌がらせではない）はなくならなかった。Ｃ子のまわりの生徒は、筆者や学級担任からの指導で、いじめはダメだということは分かってはいるものの、やはり、Ｃ子の意に背けば、自分がＣ子から次にやられるということを、グループ内にいながら敏感に感じ取っていた。しかし、Ｓ子の心のケアはもちろんのこと、この問題に対する取り組みを粘り強く学年全体で続けた。その結果、Ｃ子のグループは、積極的にＳ子に関わろうとはしなくなり、また、Ｃ子のグループ以外の生徒たちのＣ子のグループに対する否定的な反応が、Ｓ子へのいじめの抑止力として働いた。時間はかかったが、生徒たちは「いじめは絶対に許されない」という筆者たちの姿勢を理解してくれ、Ｓ子に対するいじめはなくなっていった。

　ところが、２年生の後半に、Ｃ子のグループでトラブルが起こった。Ｓ子はいじめられることの辛さを一番知っているにもかかわらず、それまで

C子のまわりにいた生徒たちと一緒にC子をここぞとばかり、いじめ始めたのである。まさに立場の逆転である。その後、C子は、学級担任の幾度とない家庭訪問や、多くの友だちからの声かけにも心を開くこともなく、中学校を卒業するまで登校することはなかった。
　このケースのように、思春期においては、とくに女子生徒は、仲良しグループにこだわって幅広く付き合おうとしなかったり、グループ内での気持ちのすれ違いや誤解を直接話し合うことができずに、内にこもったり悪口を言ったりして、トラブルになるケースが多い。また、誰かを排除することで、グループの結束を強めることもある。その反面、グループに所属しているがために、その枠にとらわれて、他の生徒と自由な付き合いができずに悩んでいる生徒もいる。このような場合、教師は、大人の視点から頭ごなしに指導をするのではなく、生徒の気持ちに寄り添って生徒の思いを認め、生徒の胸の内に溜っているものを打ち明けられるような、話しやすい雰囲気の場をつくることが大切である。まず、このようにした上で、次に視点を自分の外に向けさせて友だちの気持ちも理解させるよう導くべきなのである。

## 4　D男のケース

　当時の学年集団は、1年生からリーダーの育成及び教職員と生徒とのネットワークづくりに努めてきた。D男はその中心的存在であった。D男は正義感が強く、友人からの信望も厚く、クラスでも人気者で、生徒会執行部の一員を担うほどの生徒でもあった。野球部にも所属し、日々の部活動に積極的に参加していた。しかし、D男は言葉足らずの面があり、とくに付き合いの浅い女子生徒からは、勘違いされやすいタイプであった。
　そのようなD男が2年生に進級し、新しい学級でも持ち前の明るさで、自分が中心になってよい学級にまとめ上げようと考えていた。学級開きも終わり、班単位で学級活動が展開されていた。新しい学級・班員ということで楽しく活動する中で、ついついほかの班や学級のメンバーの悪口を班員みんなで言い始めるようになった。最初のうちは面白おかしく会話が進んだようであったが、あまりにもその内容がいきすぎていったので、D男

を含む男子の班員は自重するようになった。しかし、H子だけは今まで同様、悪口を続けていた。そこで、D男を含めた同じ班員で、H子のためにも、学級のためにも、H子に対して、注意をした方がいいということになった。そして、ある日、突然、H子に他の人に対して悪口を言うのをやめることを提案した。しかし、H子には、その真意が伝わらず、ただ単にD男からH子が突然嫌なことを言われ、さもいじめを受けたようにしか伝わらなかったようである。

当初はお互いの言い分を聞きながら、解決に向かっていたかのように思われたが、ことの真相を知らないH子の母親が、H子の言い分だけを鵜呑みにし、H子が学級の多くの男子生徒から集団でいじめを受けていると思い、この件に対して感情的に学校側に抗議をしてきた。

これがきっかけとなり、学級ではある程度解決に向かっていた問題がこじれ、学年教師集団は再度、この件に関わった男子生徒一人ひとりを別室に呼び、事情を聞いて確かめざるを得なくなったが、その際、D男に対してはこれまでのD男の言ったことが嘘であったかのように、取り締まるような形で事情を聞いてしまった。このようにして、双方の言い分を聞いていく中で、D男がH子に言った内容が、間違った形でH子の両親に伝わっていたことが分かってきた。学校側の説明及び指導に対して、H子の両親はある程度の理解を示してくれたように思われる。しかし、D男に対しては、教師の指導が、いじめという言葉にあまりにも敏感になりすぎ、D男に寄り添ったものとならず、頭ごなしになってしまっていた。その上、この事象はいじめ問題ではなく、双方の勘違いであっただけなのに学年集会まで開き、ことさらに大きな問題として取り上げてしまっていた。さらに、D男からH子に対しての一方的な謝罪のみでこの問題を終結させたため、D男には極めて不満な結果となった。その結果、D男は教師に対する不信感を持ってしまい、それ以後、D男は教師に対して、表面的に話はするものの、卒業するまでまったく心を開くことがなかった。

子どもたちが仲間と関係をつくりながら成長していく中で、いじめとまではいかないまでも人間関係のトラブルは、必然的に生じてくるものである。それゆえに、教師の仕事は、人間関係の形成の上でのトラブルが限度

を超えたものにならないよう、生徒集団を管理することにとどめ、それ以上のことはすべきではないのである。いじめをなくそうとして、生徒個人の内面に強引に介入すると、場合によっては、D男のように激しく傷つけることになる。筆者は、このことをこの事例においてD男から教えられたのである。

## 新しいかたちのいじめ問題

わが国においては、いじめが社会問題となって、すでに30年以上が経っている。いじめの問題が大きな社会問題になるのは、深刻ないじめが原因で絶対にあってはならない自殺事件が発生しているためであり、それゆえに、マスコミも大きく取り上げるのである。

オルヴェウス[*5]は、スウェーデンとノルウェーで調査した結果、いじめのない学校環境は存在しないことを明らかにしている。それゆえに、いじめが自殺事件をひきおこす前に、いじめは、「どの学校でもどの子にも起こり得る」問題であり、「いじめは人間として絶対に許されない」との意識をすべての教職員が共通認識するとともに、学校をあげて、子ども一人ひとりに指導を徹底し、いじめの未然防止、早期発見、早期対応及び再発防止に向けて全力で取り組まなければならない。

最後に、注意しておかなければならないのは、近年の高度情報化の進展にともない、「インターネット上の非公式サイト」、いわゆる「学校裏サイト」を利用して、特定の子どもに対する誹謗・中傷が集中的に行われたり、携帯電話を使って他人になりすまして、特定の子どもに対する誹謗・中傷メールを不特定多数に送ったりするなど、「ネット上のいじめ」とでも言うべき、新しい形のいじめ問題が深刻化していることである。このようなネットトラブルに対応する能力は、学校によって大きな差がある。

筆者自身もそのような能力は、今のところまったくといっていいほど持っていないし、まわりにも持ち合わせている教師はほぼ皆無である。だからといってこれを放置しておけば解決の道は遠のくばかりである。今のところ、この問題は、知識豊富な専門家に相談し、対応をしていくしかな

いが、それと並行して、われわれ教師も、この問題の対応について研修を受け、保護者の協力を得ながら子どもたちを「ネット上のいじめ」から守っていかなければならない。今後、子どもたちに、健全なメディアリテラシーの力をつけていくことも、われわれ教師にとっての重要かつ喫緊の課題なのである。

‖注‖
[※1] 「いじめとは、同一集団の相互作用過程において、優位に立つ一方が、意識的に、あるいは集合的に、他方に対して精神的・身体的苦痛を与えることにある」。
[※2] 森田洋司・清水賢二『いじめの四層構造』1986年。
[※3] 福岡県教育センター『いじめのメカニズムとその対応』2007年。
[※4] 奈良県教育委員会『事例から学ぶいじめ対応集』2009年3月。
[※5] D・オルヴェウス／松井・角山・都築訳『いじめ―こうすれば防げる』川島書店、1995年。

入門 臨床教育学 | 第*9*章

# 学校における「非行少年」の指導

―学校サブカルチャーを通して―

Klinische Pedagogiek

## 「成長の基盤」としての学校

　本章は、学校からの逸脱傾向がある「非行少年」に対する指導可能性を、「非行少年」の構成する非行文化という側面から考察するものである。「非行少年」は教師や大人に反抗し、学校に適応することが不得手であることから、「問題児」、「ヤンキー」、「不良」などと呼ばれ、規則を守った社会生活を行うことのできない者として扱われることが多い。しかし、そのような扱いはあまりに一面的ではないだろうか。

　学校は、生徒が1日の大半を過ごすところであり、家庭とともに車の両輪のように、生徒にとっての「成長の基盤」となるべき場所である。学校は、一人ひとりの生徒が安心して生活することができて初めて、学力ならびに人格形成の「成長の基盤」としての役割を果たすことができるのである。

　しかし、現在の学校は、その役割を十分に果たしているとはいえない。その意味で、学校は批判されるべき問題点をはらんでいる。

　学校の「非行少年」は、往々にして、このような学校の問題点に対する、異議申し立てを行う存在であるという視座に立つこと、つまり、学校の非行少年は、排除の対象ではなく、むしろ既成の秩序の問題点に対する批判

者という視点に立って、生徒指導に当たることで、すべての生徒にとっての「成長の基盤」として機能する、学校のあり方を模索することが可能となるのである。

## 学校の表文化とサブカルチャー

　本章は、学校における「非行少年」の問題行動に焦点を当てたものである。そのため、ここでの「非行少年」は、少年法において定義されている非行少年の内、学校在籍者に限定されるとともに、学校において反社会的な行動をとる者、つまり「荒れて」いる生徒も含めて考察の対象とし、その名称を「学校非行少年」とする。

### 1　学校に存在する文化

　学校は、いうまでもなく教師と生徒から構成されている。現在の学校では、個々の子どもの自立とともに、資本主義社会の将来の担い手の養成のために、「自己責任能力のある自律的な個人として市場経済や市民社会に参加」[※1]していくことを目的とした教育活動、つまり、将来志向的な価値基準による活動が行われている。この教育活動には、現在、社会が価値としていることが、つまり現在の社会に支配的な価値観や文化が色濃く反映しており、たとえば、現在の競争社会で生き抜くための高い学力や勤勉さが高く評価される。

　学校において、この社会の価値観を体現し、学校での活動の主導権を握っているのは、教師である。教師は、現在の社会での価値を志向する子ども、つまり、自分が体現している価値を備えている、もしくはその価値を志向する子どもを「よい生徒」として評価するのであり、往々にして、自分がこのような評価基準によって子どもを選別していることに無自覚である。このような学校の主流ともいうべき価値を体現している文化を、「学校表文化」と呼ぶことにしたい。

　一方、学校には、この表文化とは別のサブカルチャーとでも呼ぶべき文化が存在する。それは生徒が構成する文化であり、表文化とは、重なる部

分もあるが、ずれている部分もある文化である。つまり、教師の体現している価値観と生徒の価値観の間の「ずれ」がこの「生徒文化」を構成するのである。

この生徒文化は、学校表文化と一体の表裏の関係にあると言うよりは、学校表文化と「ずれ」のある関係、つまり主従の関係であるので、サブカルチャーと言う方がより実態に近い。

それゆえに、本章では、「学校サブカルチャー」という名称を使用することにする。

学校表文化を「将来志向的な価値」を重視する文化とすれば、学校サブカルチャーは、現時点で生徒たちにとって興味や関心が高い「現在志向的な価値」を重視する文化である。

また、この学校サブカルチャーは、その一部が非行文化で形成されている場合がある。この非行文化は、多くの場合、外部の非行グループの非行文化とつながっている。この学校内の非行文化を「学校非行文化」と称することにする。

以上のことを図示すると、図1のようになる。

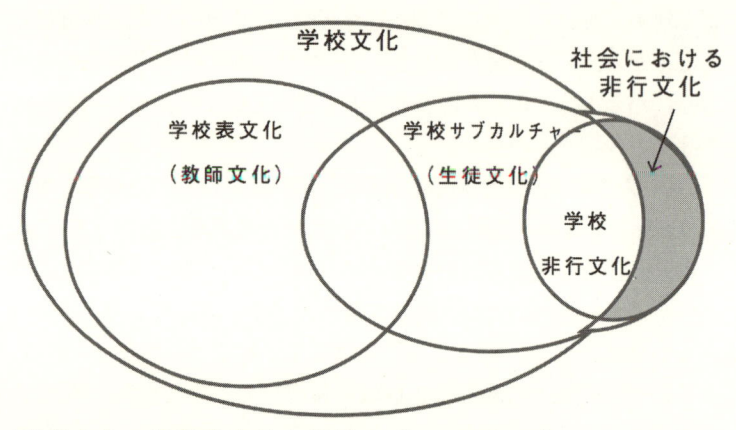

（学校文化＝学校表文化＋学校サブカルチャー）

★図1　学校に存在している文化イメージ図

## 2　概念整理

　ここであらためて、「文化」と「学校サブカルチャー」ならびに「学校非行文化」の用語の概念の整理をしておく。

　「文化」については、「文化は本質的に生活の仕方全体」[※2]であり、さらに「文化は社会的なカテゴリーであって、人々の生活様式の全体を含意する」[※3]というレイモンド・ウィリアムズによる概念規定を参考の上、本章では「その集団に属する人々の意識や生活・行動様式の全体」と規定する。

　「学校サブカルチャー」については、伊奈正人による「サブカルチャー」の定義[※4]を参考にして、学校サブカルチャーを「社会一般に支配的な文化、教師文化、非行文化の一部をのぞく生徒文化から構成され、表向きの学校文化、つまり学校表文化に従属しながらも、学校表文化に対抗する下位文化」と規定とする。

　「学校非行文化」は、一般の「非行文化」が社会からの逸脱行為を形成する文化であるのに対し、学校に在籍する生徒が、「非行文化」とも関係しながら、学校に対抗する文化であり、学校表文化から逸脱する傾向を持つ。この文化は、「学校サブカルチャー」の一部を形成し、「学校サブカルチャー」に支持されることによって顕在化する文化である。

## 3　学校のサブカルチャーと学校非行文化

　本章が対象とする「学校非行少年」とは、学校表文化から外れた行動をとる者である。ここでは、学校非行少年がどのような文化的規範・価値を持っているのかを考察する。学校表文化から逸脱した学校非行文化において評価されるのは、同年代の少年集団の中で一目置かれることであるが、そのために採られる方法に学校非行文化の特徴がある。その特徴とは、学校表文化で認められないような行動に、より高い価値が認められるという点である。学校非行文化においては、真面目な生徒に優位に立つために、真面目な生徒にはできないこと、つまり学校表文化からの逸脱行動が大きな価値を持つ。

　筆者が行った元「学校非行少年」へのインタビューでは、学校の管理に対して反抗する行為が、学校非行文化的価値基準において評価されること

を示す、以下のような回答が見られた。

★インタビュー1　管理への反抗　2008年8月1日
元「学校非行少年」A
　高校ん時は悪いことするのに格好良さを覚えとったよね。高校ん時っていうか中学の途中から。なんかそういう事、❶自分の度胸を試すっていう訳じゃないけど、なんかちっちゃいことで人に認められようとしたりさ、❷みんながやれんことやって目立とうとしたりしとったよね。
［インタビュー1解説］
　学校非行少年は、教師の言うことを聞く、いわゆる真面目な生徒と自らを対比させ、自分たちの持つ行動様式が、真面目な生徒の持つ行動様式よりも「格好良い」ものだとする。「格好良い」とは、教師の指示に素直に従う真面目な生徒の持つ「受動性とおろかさ」[※5]を持った行動様式とは対極にある「積極性と利発さ」を、社会や学校の持つ権威に反抗することで示す行動様式に代表されるものである。下線部❶の発言は、まさにこれをアピールしようとするものである。下線部❷の発言は、学校非行少年が、社会や学校の規則に従っていては、とることのできない行動をとることによって、周囲の人間よりも自分が優れていることをアピールしていることを示している。
　ポール・ウィリスは『ハマータウンの野郎ども』において、学校に反抗する少年たちが、「外的権威への対抗性と内発的な積極性」[※6]を兼ね備えた反学校文化を形成していることを詳細に論じている。また桜井哲夫は、『不良少年』の序論において、世間から「不良」に対して、単なる逸脱者ではなく「息の詰まりそうな管理社会に風穴を開けるトリックスター」[※7]としてのイメージが与えられていることを指摘している。
　注目すべきなのは、大人や教師に反抗する学校非行少年が、一般生徒が感じている不満や閉塞感を打ち破る代弁者として、一般生徒にある種のヒーローとして迎えられる可能性を持っているという点である。このヒーロー視は、社会における非行少年よりも、学校において一層顕著になる傾向がある。

第9章　学校における「非行少年」の指導

## 学校サブカルチャーにおける価値の逆転

### 1　学校サブカルチャーにおける「普通の生徒」と「学校非行少年」の力関係

　生徒の文化、つまり学校サブカルチャーでは、学校非行少年はどのように評価されているのか。矢島正見は、中学生の持つ非行少年像に関する調査を通して、「中学生が望む人間関係は『まじめな少年』歓迎、問題少年排除一色とは限らない」[※8]としている。矢島の調査では、「非行少年」は、中学生の間で、「性格があかるい」、「やさしい」、「もてる」というプラスのイメージを持たれていることが示されている。もちろん「非行少年」が、周囲から「怖い」、「近づきがたい」というイメージを持たれている可能性も十分に考えられるが、少なくとも子どもの社会では、大人が考えるほど「非行少年」は否定されていないことは確かである。この意味において、生徒文化、すなわち学校サブカルチャーにおいては、学校表文化よりも独自の価値観があるのであり、なかでも「悪い」とされることに対する許容度が高いのである。

　1999年に総務庁青少年対策本部によって実施された「青少年の暴力観と非行に関する研究調査」[※9]は、青少年の間に、加害者の責任を軽視する価値観が存在していることを明らかにしている。加害者が恣意的な理由で暴力を振るい、周囲の人間も加害者の責任を軽視するような傾向がある子どもの社会では、暴力的なふるまいをとる少年は、それほど非難されることなく受け入れられ、その結果、その少年は暴力によって影響力を持つことが可能になる。学校非行少年が構成する集団（以下、「仲間」集団とする）は、学校や放課後の遊び場を含む、地域における同年代の少年の生活空間の中で、他の集団に比べて高い影響力を持つ。この影響力は、「仲間」集団の持つ暴力性や、団結力の強さが、一般の少年に恐怖心を与えることによって成立している。これによって、学校非行少年は、「仲間」集団に所属することで、学校を含む生活空間の中で「強い」人間になれるのである（つまり、強い影響力を持つことが可能になり、日々の生活空間の中で「大

131

きな顔」ができるようになる）。
　そして、「強い」ことは学校非行文化にかぎらず、学校サブカルチャーの中でも評価される価値であるため、「強い」自分であること、あるいは「強い」集団に属していることは、「格好良い」ことであるとされる。この「仲間」集団に入るためには、テストで点を取るための勉強や、部活動で活躍するための練習などの、地道な訓練は必要ではないし、いったん、この「仲間」集団に受け入れられれば、この集団は仲間意識が強いので、自分のことを気にかけてくれたり、「弱い自分」を守ってくれる「仲間」が得られる。つまり、勉強ができなくても、部活動で活躍できなくても、この「仲間」といれば、学校の中で「格好良い自分」でいることができ、自己存在感を得ることができるのである。
　また、学校サブカルチャーでは、この「仲間」集団が大きな影響力を持つ場合があり、その場合、その「仲間」集団と親しいことは、親しいというだけで、表面的には問題行動をとらない者にも、ある種のステータスを与える、つまり、勉強やスポーツができることよりも、この集団と親しいことが高く評価されるのである。ここに学校表文化における価値と、学校サブカルチャーにおける価値との間に逆転が起こるのである。

## 2　英雄視される「非行少年」

　学校サブカルチャーにおいて、価値の逆転が起こるメカニズムは、前述の通りである。そこでは、暴力的であることが影響力を持つが、ここでの暴力とは、「けんか」などの身体的なものから、「からかい」「しかと（無視）」などの精神的なものまでを含む。
　思春期は第2次反抗期と呼ばれる時期である。沢宮容子は、第2次反抗期とは、子どもの心理的離乳が「行動として現れた」[※10]時期であると述べている。心理的離乳とは、子どもが親への依存から少しずつ脱却し、親から自立した自分独自の世界をつくっていく過程であるが、第2次反抗期においては、親だけでなく、周囲の大人や教師に対しても反抗する態度がとられる。これは第2次反抗期には、「子どもなりに価値観を獲得するという成長」[※11]のために、周囲の大人からの支配に対して、主体的に自分たち

なりの価値観を獲得しようとする過程にある生徒が、反抗心を持つことに原因がある。

　第2次反抗期に当たる中高生が教師に反抗することは、生徒が自分たちなりの価値観を獲得し、自己を実現していくために必要な発達過程である。ところが、生徒がこのような時期を過ごす学校は、教師から管理されながら学力競争を行わなければならない場所であり、この学力競争から脱落することは、すなわち、望ましい人生を送る可能性が減少するとされるところであって、必ずしも生徒の主体的な価値観獲得の場とはなっていない。生徒は、進学競争に勝ち抜けば、より望ましい人生を送ることができるという一元的な価値観のもとに、教師からの管理に従い、受験勉強を強制されているのである。

　ここで言う「教師からの管理」とは、生徒の立場からの記述であり、教師にとってはこの行為は、生徒のための「生徒指導」である。一般の生徒は、このような受験体制やそれに則った教師の管理に不満や閉塞感を感じながらも、これに従って生活している。ところが、学校非行少年は、教師に反抗して見せる。このことによって学校非行少年は、周囲の生徒たちの不満を代弁し、周囲の生徒の閉塞感を打ち破るのである。こうして、学校非行少年は、自分たちのできないことを行う、ある種のヒーローとして周囲の生徒に受け入れられるのである。このことについて、元「学校非行少年」は以下のように語っている。

★★インタビュー2　問題行動を取った理由　2008年11月1日
　　　　　　　　　　回答者自宅にて

A　❶こうしたら目立てるかな、と思ってしてみたら目立てたみたいなさ、じゃあ次こうしようみたいな感じでいきがるんやて、みんな。そうじゃなかったら意外と周りがそういう風に見てなかったら、多分、みんなひとりで気づくやろ、やっぱり。

I　なるほどね、そういうもんか。

A　❷いきがっとっても相手にされてなかったらやめるやろそら。

I　相手にされるもんね。

A　❸されるで調子に乗るだけであって。調子のっとる調子のっとるって、まあ実際そう言っとる奴らのせいでもあったりするでね、意外と。

［インタビュー２解説］

　下線部❶では、周囲からの視線が非行の動機づけになることが語られている。下線部❷では、周囲からの視線が集められなければ、非行を行わないことが語られている。下線部❸では、周囲からの視線が非行を深化させていくことが読み取れる。これらから、学校非行少年が、学校表文化において自分たちが評価されないことを知っており、非行文化を形成することによって、自分たちを評価させる価値基準を生み出していることが分かる（「相手にされる」という発言からは、学校サブカルチャーにも、問題行動を評価する価値基準が存在していることも読み取れる）。

　一般に学校非行少年は、学校表文化に従った評価基準によれば、いわゆる「だめな生徒」として評価される。しかし、このような生徒は、学校非行文化を形成し、問題行動をとれば、ある種のヒーローになることができるため、学校非行少年は非行文化に準拠した行動をとるのであり、その際に社会一般に定められている規則や、学校に定められている規範からの逸脱が起こるのである。

## 学歴アノミー化と学校継続援助の必要性

### １　学歴アノミー化した学校の現状

　現在の学校教育が抱える重要な問題点としては、第１に学校の予備校化があげられる。これは学校は、学力だけでなく人格形成を行う場であるはずなのに、受験のみに焦点を当てた教育を行う傾向があることである。第２には、学校の授業の形骸化である。これは、たとえば、受験競争の激化と受験産業の発展によって、中学受験に熱心な小学校では、６年生の３学期には欠席率が上昇する事態が起こっていることなど、があげられる。

　これらの問題は、日本社会が「学歴アノミー」状態に陥っていることを示すものである。学歴アノミーとは、「より高くより良い学歴（ないし学

校歴）の達成が、けっしてすべての生徒にとって可能ではないにもかかわらず、すべての生徒に対し、最大の努力をもって追求すべき目標として文化的に――とくに社会の集合意識や常識によって――価値づけられ、強調されているような学校社会を中心に形成された社会状況」[※12]を指す言葉である。学歴アノミー的状況下では、勉強に真面目に取り組まない生徒は、その本人が進学の意思を持っていると持っていないとにかかわらず、不真面目な（ダメな）生徒として扱われ、さらに「望ましい」人生の実現可能性が低い者と評価される。

　学歴アノミー的状況は、生徒に進学以外の選択肢を許さない。このような状況下においては、進学しないことが、すなわち社会からの脱落として扱われる。わが国においては、現在では、表面的な教育の機会均等が実現し、高校への進学率は上昇した。高校は準義務教育化し、高校に進学しないという選択肢はほぼ消滅し、大学や専門学校などの高等教育機関への進学者数も全人口の半数を超えている。

　このような状況の中では、なぜ学校へ通うのかという目的について考えられることは少なくなる。大衆化した高校を学歴アノミー的状況が覆っていることから、すべての生徒は好むと好まざるとにかかわらず、進学に向かって努力することを求められる。そしてよりよい進学のためには、テストのための勉強に取り組むことと、教師の指導に従って「真面目に」ふるまうことが求められる。

　とくに高等学校では、教師は基本的に教科指導にその専門性があるが、進学の意思がない生徒は、教師からの教科指導を受ける意義を見出すことができない。進学の意思のない生徒から見れば、教師は規則を押し付けてくるだけの存在であり、教師からすれば、そのような生徒は「不真面目な」生徒である。

　勉強をしないことで教師から否定的な評価を与えられることによって、学校非行少年は、さらに教師に対する反発を強めることになり、また、真面目に取り組んでいるが、学力の上がらない生徒も、教師に対する反発心を抱いていく。

　このように学歴アノミー的状況に覆われた学校は、それに適応している

一部の生徒以外にとっては、居心地の悪い場所である。学歴アノミー的状況が生徒にもたらす影響に関しては、大学進学目標の放棄と非行化には、相関関係があることが明らかにされている[13]。

## 2 学校非行少年に対する学校継続援助の必要性

　学校の管理下での生活は、多くの生徒にとって不満と閉塞感に満ちたものであるが、とくに学校表文化では評価されない学校非行少年には、その傾向が強い。このような学校非行少年には、学校を退学してしまっている「非行少年」が、誰にも管理されずストレスのない生活を送っているように思えるので、退学してしまった「非行少年」に憧れて近づこうとする。また、この種の憧れには、問題行動をとることが格好良いことであるという学校非行文化の評価基準が、生徒たちの間に存在していることにもその原因がある。

　言い換えれば、「悪いことをすることは、格好良いこと」として、学校非行少年やその周辺の生徒に評価されるのである。学校非行少年には、学校制度そのものから逸脱した、つまり退学してしまった問題行動の激しい「非行少年」は、この意味で、学校の管理からも解放された、格好良い存在であるように思えるのである。

　しかし、このような憧れを断ち切らせて、学校非行少年を退学させずに、学校継続の支援をすることは、以下の2点の理由から重要である。

　第1は、学校非行少年が退学してしまうことは、結果として当該生徒の自己実現の機会を減少させることである。というのは、現在の日本社会においては、高校を卒業していないことは、進路の選択において大きなハンディキャップとなるからである。就職活動を行おうにも、一部の職種を除いて高校卒業資格が必要とされる。高校卒業資格を求めない職種は、かぎられた職種であり、高校卒業資格を持たない者は、そのかぎられた職種の中から職業を選ばなければならない。とくに、知的労働に就くことはほぼ不可能である。

　第2に、学校非行少年が退学してしまうことは、当該生徒の問題行動の逸脱度を深化させるため、地域社会の安全を保つという視点からも、阻止

されるべきである。退学してしまった生徒は、学校からの規制（ブレーキ）を失うために、学校非行少年に比べて、その問題行動の逸脱度を深化させる。退学してしまい逸脱度を深化させた少年は、周囲から注意や指導を受けることが極端に少なくなる。なぜならば、退学した時点で、教師からの指導は受けられず、地域社会の大人たちは、「非行少年」の行いを注意することに対して、消極的であることが多いからである。さらに、「非行少年」の問題行動は、周囲の仲間が問題行動に対してどの程度の許容度を持つのかによって大きく変容する。

これに関して、元「非行少年」へのインタビュー調査では、以下のような回答が得られた。

★★★インタビュー3　　集団と行動　2008年11月1日
　　　　　　　　　　　回答者自宅にて

A　でも、お前らは見てないけど、自分でも今そいつにあったら、土下座して謝れるなって、ひどい事したのは結構あったんやて。お前らの前やとできんのやて、そういうこと。❶そういうことを平気でって訳じゃないけど、キレてまったら、やれる奴らと一緒におったで、やっただけで。鉄パイプで殴ったりとかさ、絶対お前らの前じゃ、しんと思うんやて。しんし、できんと思うんやて。
I　ええ！！やもんね俺らも、そんなに！？って。
　　　　　～中略～
A　❷一緒におるツレで、たぶん全然変わってくるよね。気の長さとかも多分。

［インタビュー3解説］
　「非行少年」の問題行動は、「その時」に一緒にいる仲間によってその暴力性や逸脱度を変化させる。このことは下線部❶と❷ではっきりと語られている。とくに下線部❶では、一緒にいる仲間が、問題行動の逸脱度を変化させるアクセルにもブレーキにもなることが語られている。

このように、退学してしまい、逸脱度を深化させ続けた「非行少年」は、警察に保護されたときに、学校を辞めて以来、初めての指導を受けること

になる。つまり、学校非行少年が退学することは、成長の基盤を失うことである。生徒が学校において、自己を実現していくための学力と、社会で生活していく上で必要とされる、規範意識を身につけていく機会を失うことは、生徒自身の自己実現の機会減少という結果をもたらし、学校からの規制を失った「非行少年」が、問題行動の逸脱度を深化させることは、社会の安全を損なう可能性を高めることにつながる。学校非行少年の自己実現の機会を保障するためにも、地域社会の安全を保持するためにも、学校非行少年が退学することを阻止し、通学を継続させる支援が必要である。

## 3　学校サブカルチャーの認識の上に立った支援

　学校非行少年が、学歴アノミー的状況に覆われた学校に対する反抗を行うことは、学校非行少年以外の生徒たちに共感を持って受け止められることもあるが、教師は学校非行少年をそのままにしておくことはできない。教師には、当然、法律・規則を破って問題行動をとる学校非行少年を指導し、きちんと社会性を身につけさせることが求められる。問題行動をとった学校非行少年を理解し、指導するためには、その行為の動機を知ることが大切である。しかし、往々にして、動機を理解する際に「ある特定の価値観や信念にもとづいて動機を付与している」[*14]教師と学校非行少年の間には、「ずれ」がある。教師が学校非行少年のためを思い指導を行ったとしても、問題行動を学校表文化に基づいて解釈していては、学校非行少年の現実感に添った問題行動の理解はできず、このような指導には高い教育的効果は望めない。

　学校非行少年の問題行動やその動機を真に理解するためには、学校サブカルチャーと学校非行文化の存在を認識することが必要である。これは、生徒には、学校表文化とは異なった価値基準が存在することを認識するということである。その際、学校サブカルチャーや学校非行文化は、学校表文化とは正反対のものではなく、ただ学校表文化とは異なった価値基準に基づくものであることも押さえておく必要がある。以上の点さえ押さえることができれば、教師は、学校で真面目に勉強する意欲がない生徒や、真面目に勉強する意義を理解しない生徒、つまり、学校表文化を素直に受け

止められずに教師に反抗する生徒を、ただやみくもに学校表文化に当てはめようと指導することから免れるのである。

　山下英三郎は、その著書の中で、不登校や高校中退、ニートなどの、学校制度や社会一般に望ましいとされているレールから外れた子どもや若者を「浮遊層」と名付け、教師がこの「浮遊層」と関係を持つ際に必要とされる態度は、「安心・協力・共居（一緒に過ごす）」であり、反対に望ましくない態度は「説教・異文化の強制・一方性」であると言っている[※15]。

　ここで注目すべき点は、望ましくない教師の態度にあげられている「異文化の強制・一方性」である。学校には、学校表文化とは異なった価値基準を持った学校非行文化が存在する場合があるのであり、学校非行文化に従って行動している生徒に対して、学校表文化の価値観を内面化してしまっている教師が、頭ごなしに「生徒指導」を行うことは、「非行少年」にとっては、一方的な異文化の押し付けと感じられる場合があるということである。もちろん社会生活を送っていく上で、規則・法律を守ることは必要であるし、学校に通っている間にきちんとした規範意識を身につけることも必要である。学校に通っている間に、社会化を果たしていくという意味で、生徒は未熟であり、発達過程にある。だが、生徒にそれらを身につけさせる役割を担っている教師が、生徒に対して価値観を押し付けていては、学校が発達過程にある生徒の居場所（安心できる成長の基盤）として機能しなくなる。

　教師は生徒とどのような関わりを持つべきなのか。とくに学校非行少年に対する教師の関わりにおいて、重要なことを以下に述べる。

　教師が学校非行少年と関わる際に理解しておくべきことは、学校には、学校サブカルチャー、場合によっては、学校非行文化が存在していることである。そして、自らが所属している文化が正しく、学校サブカルチャーや学校非行文化が誤りであるという安易な判断をしないことが大切である。すべての生徒は、学校表文化に従って生活することを求められている。しかし、学校表文化には、既述のように改善すべき点が存在している。学校非行少年の教師に対する反抗が、他の生徒に共感を持って受け止められる場合には、学校非行少年の問題行動が、学校表文化の問題点を批

判している側面があるからである。

　多くの生徒が学校表文化に対して違和感を持っていながらも、我慢している場合には、学校表文化の問題点を批判し、違和感を問題行動として表す学校非行少年は、ある種のヒーローとなる。

　教師は、学校非行少年の問題行動が、学校表文化の改善点に対する批判を含んでいる場合があることを認識し、学校非行文化を排除するのではなく、批判として受け止める部分は受け止め、少しでも生徒の成長の基盤として機能する学校をつくっていくことが求められる。現在の学校教育を取り巻く諸問題の解決のためには、教師がそのような視座を持って、生徒と共に学校文化を形成していく態度を持つことが必要不可欠なのである。

　学校表文化の問題点を、その行動をもって批判する学校非行少年は、教師からすれば迷惑な存在であるが、学校表文化の問題点を批判しているという意味では、学校非行少年は学校に欠かすことのできない存在である。

　教師は、学校サブカルチャーの存在を認識するとともに、学校非行文化からの批判を受け止め、学校や自らの評価基準を検討し続けていく必要がある。教師にとって何よりも大切なことは、学校表文化の評価基準のみで生徒を評価し、学校表文化に適応しない生徒を「非行少年」というラベリングによって、学校から排除することが教育的な行為だと思わないことである。

---

※　インタビュー対象者と時期ならびに場所

　インタビューの対象者である成年Aは、学齢期に非行少年グループに所属していた者である。Aが所属していた非行少年グループは、A県の広域にわたって構成員を持つ、大規模かつ逸脱度の高いグループであった。それぞれ10から15人程度の構成員を持つ支部を、筆者が確認しているかぎりでは5個持ち、当時、高校3年生から、高校1年生に該当する少年が所属していた。それぞれが明確な役割分担を持ち、構成員は統一された「チームカラー」をファッションの一部に取り入れるという特徴を持った、かなりの程度統制された非行集団であった。Aは、高校を中退した後に、少年院に保護されていた経験を持つ。

　インタビューの方法は、ICレコーダーを用いて、対面しながら行った。Aには、「非行少年」の研究のためのインタビューであること、インタビューの内容は氏名は伏せた

第 9 章　学校における「非行少年」の指導

形で本論文に掲載することについて説明をし、了解を得ている。

## 注／引用文献

※1　藤田英典『義務教育を問い直す』ちくま新書、2005年、14頁。
※2　レイモンド・ウィリアムズ著／若松繁信・長谷川光昭訳『文化と社会』ミネルヴァ書房、1976年、268頁。
※3　難波巧士『族の系譜学　ユースサブカルチャーズの戦後史』青弓社、2007年、21頁。
※4　伊奈正人『サブカルチャーの社会学』世界思想社、1999年、2頁。
※5　ポール・ウィリス著／熊沢誠・山田潤訳『ハマータウンの野郎ども』筑摩書房、2007年、39頁。
※6　ポール・ウィリス著／熊沢誠・山田潤訳『ハマータウンの野郎ども』2007年、49頁。
※7　桜井哲夫『不良少年』筑摩書房、1997年、11頁。
※8　矢島正見「中学生に見る非行少年像」『犯罪社会学研究』第 8 巻、1983年。
※9　総務庁青少年対策本部『青少年の暴力観と非行に関する研究調査』2000年。
※10　沢宮容子「発達段階に見る反抗のかたち―幼児期から思春期まで」『児童心理』金子書房、2004年 4 月号。
※11　餅原尚子「反抗期のない子の問題」『児童心理』金子書房、2004年 4 月号。
※12　米川茂信『学歴アノミーと少年非行』学文社、1995年初版、14頁。
※13　広田照幸監修『リーディングス　日本の教育と社会⑨　非行・少年問題』2007年初版、265－286頁。
※14　広田照幸監修『リーディングス　日本の教育と社会⑨　非行・少年問題』2007年、103頁。
※15　浜田寿美男・小沢牧子・佐々木賢編『学校という場で人はどう生きているのか』北大路書房、2003年、1頁。

入門 臨床教育学 | 第 *10* 章

# モンゴル放牧文化における体罰（お仕置き）

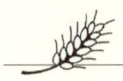

Klinische Pedagogiek

## 日本人が忘れた教育観

　日本では、学校教育法第11条により体罰が禁じられている。しかし、学校では、時として体罰とでも言うべき行為が行われているし、体罰についての規定がない家庭では、しつけの名のもとに児童虐待が頻発している。他方、教員の子どもに対するささいな行動をも、体罰とみなして糾弾するような風潮もある。このような理想と現実の隔離の一因は、日本人が体罰をタブー視し、体罰についての徹底的な議論を避けていることにあるのではないか。

　近年、教育におけるこのような問題に対処するため、日本では、教育問題を扱った研究が多くなってきている。なかには、日本と同様な問題を抱えている国や地域と比較する研究も見られる。しかし、本章で明らかにするように、日本と同じような体罰はあるものの、それが社会問題にはならない地域との比較研究は少ない。筆者は、このように体罰はあっても、それが社会問題にならないということにむしろ注目したい。

　以上のような問題意識から本章では、タブー視されているとともに、過剰な反応が見られる、日本の体罰論議と対比しつつ、内モンゴル自治区

第10章　モンゴル放牧文化における体罰（お仕置き）

（以下「内モンゴル」と略する）[※1]の放牧社会における「体罰」[※2]、［お仕置き］について考察する。

はじめに、放牧文化におけるしつけ観と子ども観ならびに、日本語の体罰にあたるモンゴル語について考察した上で、現在の家庭と学校における体罰の実態を内モンゴルで実施した調査に基づいて述べる。

## 放牧文化におけるしつけ観と子ども観

### 1　放牧文化におけるしつけ観

　モンゴル牧畜民は、昔から遊牧生活を営んできた民族である。家畜はモンゴル人の財産であり、人々は家畜の乳を飲み、肉を食べ、皮や毛から服装を作り、馬や駱駝を乗り物にするなど、家畜なくしては、モンゴル人の生活は成り立たなかった。ただし、家畜を放牧したり、乗り物にするためには、家畜をあらかじめ調教しておく必要がある。

　モンゴル人は、家畜を調教する際、家畜が暴れると肉体的に少し苦痛を与え、暴れない場合はさすってやるなど、アメとムチの両方を用いながら家畜に身をもって覚えさせる調教方法を用いる。このような方法でほとんどの家畜が調教されるが、時には、それでも暴れ狂う家畜がいる。このような家畜には「アラス・ホーラホ（arasu quγulqu）」という手段が用いられる。「アラス・ホーラホ」の「アラス」は日本語の「粗皮」の意味で、「ホーラホ」は「剥がす」という意味である。つまり、暴れ狂う家畜の身体を鞭で強く叩き、粗皮を剥がすような激痛を与えることによっておとなしくさせるのであり、実際に皮を剥がすものではない。

　ところで、牧畜民の親は、悪戯をやめない子どもに対して、「この子の身体は痒くてたまらないみたいね。アラス・ホーラホの時がきたかなあ」とおどかす（しつける）ことがある。それでも悪戯を止めないと、「アラス・ホーラホ」という手段を用いる場合がある。つまり、放牧文化においては、家畜の調教に用いる「アラス・ホーラホ」という方法が、子どものしつけに転用されているのである。

　なぜ、人間の子どもにこのようなしつけ（お仕置き）が転用されたの

143

か。それは、モンゴルに「家畜が啼きながら一人前になるように、子どもも泣きながら一人前になる (mayilan mayilan mal bolun-a, ukilan ukilan kömün bolun-a)」という表現があることからも分かるように、モンゴル人は、放牧生活の中で子家畜の成長と人間の子どもの成長を同じように捉えていることによる。つまり、モンゴル人のしつけの最も基本的な特徴は、身体の規律化であり、教訓などの言葉による教えよりも、身体で覚えさせる訓練が重視されるところにある。とくに、危険の多い草原では、子どもが冒険をして、命を落とさないために「身体で覚えさせる」しつけは不可欠である。

　「あの川の流れは速くて危険だから近づくな」と言っても、子どもは好奇心から川遊びをしてしまうかもしれない。これを避けるために、「今度あの川に近づいたら、こんな目に合わせるよ」とお尻を叩くなど「身体で覚えさせて」おけば、子どもが川に近づく可能性は低くなる。これは、冒険をして、命を落とさないためには、しつけとしての多少の肉体的な痛みはやむを得ないという、大人の「ハトー・ハイル (qataγu qayira)」によるものである。この「ハトー・ハイル」の「ハトー」は日本語の「硬い」または、「厳しい」の意味であり、「ハイル」は日本語の「愛」の意味である。つまり、「ハトー・ハイル」は、「しつけの際、親が子どもの将来の幸福を願って、子どもにとって現在は苦しいことも容認する」[※3]というタフ・ラブと一致する部分がある。

## 2　放牧文化における子ども観

　モンゴル人は「フゥールヒ・アミタン (kögerükei amitan)」という言葉をよく口にする。とくに、年寄りは口癖のように使う。「フゥールヒ・アミタン」の「フゥールヒ」は、日本語の「哀れ、可哀想、惨め、同情すべき、愛しい・可愛い」を意味し、「アミタン」は「生き物」を意味している。換言すれば、「フゥールヒ・アミタン」とは、「哀れな生き物」「可哀想な生き物」「惨めな生き物」「同情すべき生き物」「愛しい・可愛い生き物」という意味である。この「フゥールヒ・アミタン」という概念は、モンゴル牧畜民固有の自然環境や放牧文化から生じた考え方である。

第10章　モンゴル放牧文化における体罰（お仕置き）

　モンゴル高原の広い草原に、散らばるように生活していた牧畜民や家畜群は、この広大な大地の中の小さな一部にすぎない。また、モンゴル草原は、緑色の夏が忽ち去り、干草や砂が一面に広がる「寂しい」世界でもある。そして、旱魃や寒波などの自然災害によって、家畜が被害に遭うだけではなく、時には、人の命までが奪われてしまう。このような厳しい自然や自然災害の前では、すべての生き物は、ある意味「無力」な存在である。それが、自然への敬虔な感情と恐れの感情を生み、自然と共生し、自然の一部として謙虚に慎ましく生きる生活の智恵を生んだ。また、モンゴル放牧社会においては、人間は家畜に囲まれて生活しているが、人間に比べると、家畜の寿命は短く、新しい生命の誕生も早いため、放牧文化は生命の誕生への感動や死への悲しみに日々直面する文化でもある。モンゴル人は「羊も可哀想だが、狼も可哀想（qoni ču kögerükei, činu-a ču kögerükei）」という表現をよく使う。つまり、「狼の餌食になる羊は可哀想だが、羊を食べなければ生きていけない狼も可哀想だ」という意味で、これは、自然界の摂理を表現している。

　こうした放牧生活で、自然界の厳然たる事実を体験してきた牧畜民には、すべての生き物は「フゥールヒ・アミタン」でしかない。そして、生き物の中では、人間の子どもと子家畜が最も「哀れな、可哀想な、惨めな、同情すべき、そして愛しい・可愛い生き物」である。それゆえ、このような「哀れな、可哀想な、惨めな生き物」を厳しい自然界に生き残らせるには、早いうちに一人前になるように陶冶しなければならず、それには、時には叩いてでもしつける必要がある。しかし、同時に、これらの生き物は、「同情すべき、そして愛しい・可愛い生き物」でもあるゆえに、限度を越えた肉体的な痛みや苦しみを与えてはいけないのである。

## 3　日本語の体罰にあたるモンゴル語

　日本語の体罰にあたるモンゴル語といえば、最初に浮かぶのは「ヤララン・ジャルハーホ（yalalan jalqaγaqu）」である。この言葉は漢字の「罰」のように「盟誓の不正を罰することを原義とする字」[4]であり、大人社会における懲罰のことであり、日常的にはあまり用いることがない言葉であ

る。次に、日本語の体罰の「教育的関係において、教育上の責任を有する者が、教育目的をもって、教育を受ける、若しくは養育される者に対して加える制裁行為のうち、直接・間接的に肉体的苦痛を与えるもの」[※5]という意味からすると、日本語の体罰にはモンゴル語の「エデス（adis）をあげる」「アラガン・ボーブ（alaɣan boobu）」「トース・グビフ（toɣusu gübikü）」「アラス・ホーラホ（arasu quɣulqu）」という4つの表現があてはまる。この4つの表現について詳しくみてみたい。

　第1に、「エデスをあげる」とは、お坊さんが参拝者の頭を数珠で撫でる「お数珠頂戴」、あるいは「お数珠受け」のことであるが、内モンゴルでは、お坊さんが数珠の代わりに、参拝者の頭を指先で軽く叩くことがある。この行為が子どものしつけに転用され、保護者と教師が学業不振児などの頭を指で弾くことを「エデスをあげる」と表現する。これは宗教観に基づく表現である。

　第2に、「アラガン・ボーブ」の「アラガン」は手の平の意味で、「ボーブ」はお菓子もしくは、おやつを意味する。つまり、「アラガン・ボーブ」とは「手の平のお菓子」もしくは「手の平のおやつ」という原義を持つ。モンゴル人は悪戯をする子どもに対して、「おやつの時間だ」と手の平で、子どものお尻などを叩いてしつけることがある。このしつけ方を「アラガン・ボーブを食わす」と名付けている。「アラガン・ボーブを食わす」という行為は次のような2つの意味で捉えられている。1つ目は、子どもがおやつを欲しがると同様に、叩いてかまって欲しがっているという捉え方である。2つ目は、おやつが子どもにとって補充食であると同様に、子どもを叩くことも、子どもの成長にとって必要な「補充」であるという捉え方である。これは、日常の生活体験に基づく表現である。

　第3に、「トース・グビフ」の「トース」は埃の意味で、「グビフ」は、「はらう（掃う）こと」を意味する。つまり、「トース・グビフ」とは「埃をはらう（掃う）」という原義を持つ。モンゴル人にとって「埃をはらう（掃う）」とは、旧正月前の大掃除をさすことが多いことからすると、「トース・グビフ」には定期的に、しかも徹底的に叩くという意味が含まれている。この行為にも2つの捉え方がある。

1つ目は、子どもが悪戯などの悪いことをするのは、子どもの体に悪魔がくっついているからであり、その悪魔を叩いて払うことによって子どもが普段通りおとなしくなるという宗教的な捉え方である。非科学的であるかもしれないが、これがモンゴル人の精神の支えとなって、それなりの役割を果たしているのである。2つ目は、埃を払うことは綺麗にすることである。それゆえに、悪戯をする子どもを叩くことは、「埃（悪戯）」を払い（やめさせ）、子どもを綺麗に（おとなしく）させることである、というものである。これは生活体験や宗教観に基づく表現である。

　第4に、「アラス・ホーラホ」については、「放牧文化におけるしつけ観」において詳しく説明したので、ここでは省略する。「アラス・ホーラホ」は家畜放牧文化に基づく表現である。

　このように、この4つの表現は、日本語のしつけという用語同様、モンゴルの土着文化、宗教、人々の生活体験によって生み出された表現であるゆえに、人々に違和感を与えることがない。また、これらの行為は悪い行為の当然の結果であるという認識が、受ける側にも行う側にもあるので、子どもの身体は痛くなるが、心は痛くならない。そして、この4つの表現を見れば、肉体的痛みが弱いのは、「エデスをあげる」であり、肉体的痛みが強いのは、「アラス・ホーラホ」である。つまり、子どもの悪戯の程度に合わせて、この4つの手段を使い分けている。

　以上のことから、日本語の体罰にあたるモンゴル語は、それぞれ異なるものであることが分かる。ところで、日本では、これらの行為や言葉を〈体罰〉という言葉に括ってしまいがちである。日本語の体罰は非常に曖昧な表現であるために、体罰に関する日本人のイメージが受け止める人によって異なっており、このことが日本における体罰に対する論議を複雑にしているのではないか。その意味において、今日の日本における体罰に関する論議には、パラダイム転換が必要であろう。

## 現在の家庭と学校における「体罰」の実態

　これまでは、文化や言葉の観点から考察をしてきたが、次に、筆者が

2008年9月に行った現地調査[※6]に基づき、今日の家庭や学校における「体罰」の実態を見てみる。

## 1　保護者や教師に叩かれた経験

　子どもに、「今まで保護者と教師に叩かれたことがありますか」と質問したところ、保護者に叩かれたことが「ある」と答えた子どもが、302人（74%）、「ない」と答えた子どもが、104人（26%）であった。教師に叩かれたことが「ある」と答えた子どもが、299人（76%）、「ない」と答えた子どもが、93人（24%）であった。この回答に見られるように、今日のモンゴル民族の家庭や学校においては、子どもを叩くことはごく普通のことである。

　では、保護者と教師はどのような理由で子どもを叩いているのか。

　第1に、保護者に叩かれたことが「ある」と答えた子どもに、「どのような理由で叩かれましたか」（自由記述）と質問したところ、次のような回答が得られた。

　　［1］親に反抗したから　　　　　　　61人（20%）
　　［2］学業不振　　　　　　　　　　　59人（20%）
　　［3］不注意によるミスが多いから　　50人（17%）
　　［4］喧嘩したから　　　　　　　　　43人（14%）
　　［5］生活習慣が正しくないから　　　33人（11%）
　　［6］遊びすぎたから　　　　　　　　21人（ 7%）
　　［7］モラルにかけたから　　　　　　21人（ 7%）
　　［8］悪戯したから　　　　　　　　　11人（ 4%）

　この回答中の「生活習慣が正しくないから」「不注意によるミスが多いから」「遊びすぎたから」といった回答を「生活習慣に関する事柄」とすると、保護者が子どもを叩く理由の大半が、「生活習慣に関する事柄」であることが分かる。ある意味、家庭内におけるしつけが依然として厳しく行われているのである。

また、「学業不振」が原因で叩かれた子どもも多い。つまり、子どもの教育に対する「熱意」から、子どもをついつい叩いてしまう親が少なからずいるのかもしれない。

第2に、子どもに「保護者の中で誰によく叩かれますか」（複数回答）と質問したところ、次のような回答が得られた。

　　［1］母親　　　　　　　　196人（36％）
　　［2］父親　　　　　　　　190人（34％）
　　［3］父方の祖母　　　　　 54人（10％）
　　［4］父方の祖父　　　　　 30人（ 5％）
　　［5］叔父　　　　　　　　 28人（ 5％）
　　［6］叔母　　　　　　　　 17人（ 3％）
　　［7］母方の祖母　　　　　 16人（ 3％）
　　［8］母方の祖父　　　　　 13人（ 2％）
　　［9］その他　　　　　　　 12人（ 2％）

この回答を見れば、子どもを叩く行為は、主に子どもの父母が行っているが、子どもの父母以外、子どもの祖父母や叔父叔母も少なからず子どもを叩いていることが分かる。換言すれば、この地域においては、家族全員が子育てに参加しているのである。

第3に、教師に叩かれたことが「ある」と答えた子どもに「どのような理由で叩かれたか」（複数回答）と質問したところ、次のような回答が得られた。

　　［1］宿題しなかったから　　　　　　132人（24％）
　　［2］授業中にふざけたから　　　　　129人（23％）
　　［3］成績が悪かったから　　　　　　 60人（11％）
　　［4］教室の掃除をさぼったから　　　 53人（10％）
　　［5］校則を破ったから　　　　　　　 51人（ 9％）
　　［6］先生の指示に従わなかったから　 35人（ 6％）
　　［7］人をいじめたから　　　　　　　 34人（ 6％）

［8］無断遅刻したから　　　　　　33人（6％）
　［9］理由が分からなく叩かれた　　12人（2％）
　［10］その他　　　　　　　　　　18人（3％）

　この回答の中の「宿題しなかったから」「授業中にふざけたから」「成績が悪かったから」を「学業に関する事柄」とすれば、教師の多くが「学業に関する理由」で子どもを叩いている。つまり、子どもの学業に熱を入れるあまり、子どもを叩いてしまう教師が多いのである。また、「教室の掃除をさぼった」ことが原因で、叩かれている子どももいるが、これは、肉体労働と頭脳労働の結合を重視する、社会主義教育によるものだと考えられる。さらには、いじめの加害者を懲らしめるために、「叩く」という手段を取っている教師も少数いた。

## 2　保護者と教師の叩き方の比較

　ここでは、保護者と教師の叩き方の実態や、両者の叩き方の違いについて、比較及び検証を行ってみたい。保護者と教師に叩かれたことがあると答えた子どもに、「どのように叩かれましたか」（自由記述）と質問したところ、表1のような回答が得られた。表1は、子どもの回答をもとに、保護者と教師の叩き方を「素手で叩く」「物で叩く」「足で蹴る」と3つに分け、さらに、「男子を叩く叩き方」と「女子を叩く叩き方」に分けたものである。
　表1を全体的に詳しく見てみよう。第1に、「素手で叩く」を見ると、保護者と教師に素手で叩かれた子どもが、ほぼ同数であることが分かる。その中には、保護者と教師の双方に「アラガン・ボーブを食わされた」子どもが一番多かった。
　これは、「アラガン・ボーブを食わす」という伝統的なしつけが、今なお頻繁に使われているということを意味している。また、女子に比べて男子の方が、教師によくアラガン・ボーブを食わされている。また、保護者と教師の双方に「指で弾かれた」子どもが多かったが、これは両者から「お数珠頂戴」したことである。また、保護者と教師に「捻られた」子ど

も、とくに、保護者に「捻られた」子どもが多くいる。この地域では、一般的に「捻る」ことは女性が行う行為であるという認識があるため、ここで言う「捻られた」とは母親、もしくは女の教師に捻られたということであろう。また、保護者に「拳骨で叩かれた」女子や「髪を引っ張られた」女子が少数いるが、これは相当な痛みを伴う行為である。とくに、「髪は女の命」という考え方から言えば、いくら親でも許しがたい行為である。

学校では、このような行為をする教師はいない。教師に「耳を引っ張られた」子どもが少数いるが、大人からすれば、子どもたちが机に座って授業しているとき、「胴体」や「尻・肢」は叩きにくいために、引っ張りやすい位置にある耳を引っ張ってしまうのであろう。また、教師に「肩を掴

★表1　保護者と教師の叩き方　　　　　単位：人

| 種別 | 内容 | 保護者の叩き方 男子 | 保護者の叩き方 女子 | 教師の叩き方 男子 | 教師の叩き方 女子 |
|---|---|---|---|---|---|
| 素手で叩く | アラガン・ボーブを食わされた | 46 | 42 | 52 | 39 |
| | 指で弾かれた | 26 | 18 | 23 | 15 |
| | 捻られた | 12 | 15 | 4 | 5 |
| | 拳骨で叩かれた | ― | 2 | ― | ― |
| | 髪を引っ張られた | ― | 1 | ― | ― |
| | 耳を引っ張られた | ― | ― | 5 | 1 |
| | 肩を掴んで揺すられた | ― | ― | 1 | 2 |
| 物で叩く | 杖で叩かれた | 12 | 11 | ― | ― |
| | 鞭打ちされた | 2 | 3 | ― | ― |
| | 箒で叩かれた | 4 | 6 | ― | ― |
| | タオルで叩かれた | 2 | 2 | ― | ― |
| | ベルトで叩かれた | 1 | 2 | ― | ― |
| | 定規で叩かれた | 1 | 1 | 4 | 5 |
| | しゃもじで叩かれた | 1 | ― | ― | ― |
| | ホースで叩かれた | 1 | ― | ― | ― |
| | 蠅叩きで叩かれた | ― | 1 | ― | ― |
| | 杖で叩かれた | ― | 1 | ― | ― |
| | 黒板指しで叩かれた | ― | ― | 33 | 18 |
| | 本で叩かれた | ― | ― | 3 | 14 |
| | チョークを投げられた | ― | ― | 1 | 5 |
| 蹴る | 蹴られた | 14 | 10 | 8 | 7 |

んで揺すられた」子どもが少数いるが、これは感情的な行為である。

　第2に、「物で叩く」を見ると、保護者と教師の双方とも、身のまわりの物で子どもをよく叩いている。教師の場合は、黒板指しを使って、とくに、男子を叩いている。また、定規、本、チョークで子どもを叩いている教師も多い。また、男子に比べて女子の方が、定規、本、チョークでよく叩かれている。とくに、本で叩かれた女子が多かった。保護者の場合は、枝で子どもをよく叩いている。ここで言う「枝」は、子どもを叩く専用のものではなく、家畜の放牧に用いる道具を指している。内モンゴルの砂漠地帯には柳が多く、牧畜民は鞭の代わりに柳の枝を使って家畜を放牧するが、この枝が子どものしつけにも使われることがある。また、鞭も家畜放牧用の鞭であり、子どものしつけに使うことがある。このように、子どもを叩く専用の道具があるのではなく、身のまわりにあるものを使って叩いているということは、この地域における子どもを叩く行為は計画的な行為ではなく、その場の感情による一時的行為であると言える。

　第3に、「蹴る」を見ると、保護者に蹴られた子どもが、教師に蹴られた子どもよりやや多い。この地域では、一般的に「蹴る」ことは男性が行う行為であるという認識があるので、ここで言う「蹴られた」とは、父親、もしくは男の教師に蹴られたのであろう。

## 3　保護者と教師に叩かれた身体的部位

　保護者と教師は子どもの身体のどの部位をよく叩いているのかを見てみたい。保護者と教師に「叩かれたことがある」と答えた子どもに、「あなたの身体のどの部位を叩かれましたか」（自由記述）と質問したところ、表2のような回答が得られた。表2は、子どもの回答をもとに、保護者と教師に叩かれた部位を「頭部」「胴体」「尻・肢」の3つに分けてまとめ、さらに「男子を叩く部位」と「女子を叩く部位」に分けたものである。

　はじめに、表2を全体的に見てみよう。第1に、「頭部」を見ると、保護者と教師の双方が子どもの「頭の天辺」をよく叩いている。つまり、今日の保護者と教師は、子どもの頭部に手を出すことを禁じる伝統的なしつけ[※7]を軽んじるきらいがある。大人からすれば、子どもの頭部は叩きやす

い位置にあるため、ついつい子どもの「頭の天辺」を叩いてしまうと考えられるが、理由のいかんによらず、子どもの頭部を叩くことは危険な行為である。また、保護者は男女関係なく、子どもの頬をよく叩いているが、教師は男子の額をよく叩いていることが分かる。

第2に、「胴体」部分では、保護者と教師の双方がよく叩くのは、子どもの「背中」である。

第3に、「尻・肢」では、保護者と教師の双方ともが子どもの「手」をよく叩いているが、教師の場合は、女子の「手」を一番よく叩いている、その一方、保護者は男女関係なく、子どもの「尻」をよく叩いている。

★表2　保護者と教師に叩かれた部位　　単位：人

| 種別 | 部位 | 保護者に叩かれた部位 男子 | 保護者に叩かれた部位 女子 | 教師に叩かれた部位 男子 | 教師に叩かれた部位 女子 |
|---|---|---|---|---|---|
| 頭部 | 頭 | 41 | 37 | 37 | 33 |
| 頭部 | 髪 | — | 1 | — | 1 |
| 頭部 | 頬 | 24 | 19 | — | — |
| 頭部 | 額 | 1 | 2 | 14 | 4 |
| 胴体 | 背中 | 15 | 12 | 14 | 13 |
| 胴体 | 肩 | 1 | 1 | 1 | 1 |
| 胴体 | 首 | 1 | — | — | 1 |
| 尻・肢 | 尻 | 45 | 41 | 4 | 8 |
| 尻・肢 | 手 | 23 | 13 | 37 | 53 |
| 尻・肢 | 足 | 7 | 2 | 7 | 3 |
| 尻・肢 | 太股 | — | 3 | — | — |

## 4　子どもを「叩くこと」への反応

### (1) 子ども自身の反応

ここでまず、保護者が子どもを叩くことに対する子どもの反応を見てみたい。子どもに「あなたは、保護者が子どもに手を出すことについてどう思いますか。叩かれたことがなくても、あなたの意見を聞かせてください（一つだけ選んでください）」と質問したところ、次のような回答が得られた。

［1］私のためだからいいことだと思う　　　　　116人（28％）
［2］親として当然の行為だと思う　　　　　　　113人（28％）
［3］何回言っても分からない子どもは叩くしかない　87人（22％）
［4］限度を超さなければいいことだと思う　　　　46人（12％）
［5］許されない行為だと思う　　　　　　　　　　30人（ 8％）
［6］その他　　　　　　　　　　　　　　　　　　 6人（ 2％）

　この回答を見れば、「許されない行為だと思う」を選んだ子どもが、わずか8％であるのに対して、大半の子どもは、保護者が子どもを叩くことを肯定的に捉えている。
　次に、教師が子どもを「叩く」ことに対する子どもの反応を見てみたい。子どもに「あなたは学校の先生が子どもを叩くことをどう思いますか。叩かれたことがなくても自分の意見を聞かせてください（一つだけ選んでください）」と質問したところ、次のような回答が得られた。

［1］私のためだからいいことだと思う　　　　　152人（39％）
［2］先生として当然の行為だと思う　　　　　　103人（27％）
［3］何回言っても分からない人は叩くしかないと思う　69人（18％）
［4］限度を超えなければいいことだと思う　　　　31人（ 8％）
［5］職業に相応しくない行為　　　　　　　　　　14人（ 4％）
［6］法律で禁止されているからやってはいけないことだと思う
　　　　　　　　　　　　　　　　　　　　　　　13人（ 3％）
［7］その他　　　　　　　　　　　　　　　　　　 2人（ 1％）

　この回答を見れば、「職業に相応しくない行為」や「法律で禁止されているからやってはいけないことだと思う」を選んだ子どもは、わずか7％で、大半の子どもが、教師が子どもを叩くことを肯定的に捉えている。
（2）保護者の反応
　教師が子どもを叩くことに対する、保護者の反応を見てみたい。子どもに「あなたは学校の先生に叩かれたことを保護者に訴えたことがあります

か」と質問したところ、「ある」と答えた子どもが35人（全回答者の12％）であり、「ない」と答えた子どもが266人（全回答者の88％）である。

　保護者に訴えたことが「ある」と答えた子どもに、「保護者に訴えたことがあるなら、あなたの訴えを聞いて、保護者がどんな行動をとりましたか（一つだけ選んでください）」と質問したところ、次のような回答が得られた。

　　　［１］お前が悪いと逆に叱られた　　　32人（84％）
　　　［２］なにも言わなかった　　　　　　 3人（ 8％）
　　　［３］先生に文句を言いつけた　　　　 2人（ 5％）
　　　［４］校長にクレームをつけた　　　　 1人（ 3％）

　この回答を見れば、保護者が「先生に文句を言いつけた」と「校長にクレームをつけた」を選んだ子どもが、3人（8％）しかなく、「お前が悪いからだと逆に叱られた」子どもが最も多かった。

（３）教師の反応

　子どもを叩くことに対する教師の反応を見てみたい。教師に「子どもを叩くことについてあなたの意見にあてはまるものを選んでください。叩いたことがなくても、あなたの意見を聞かせてください」（複数回答）と質問したところ、次のような回答が得られた。

　　　［１］度を過ぎなければ、それなりの効果はある　　　　　　64人（23％）
　　　［２］教師が子どもを叩いてはいけない　　　　　　　　　　55人（19％）
　　　［３］愛の鞭である　　　　　　　　　　　　　　　　　　　52人（18％）
　　　［４］肉体的に少し痛むかもしれないが、本人のためになる　46人（16％）
　　　［５］教師が子どもを叩くことは違法である　　　　　　　　34人（12％）
　　　［６］何回言っても分からない生徒は叩くしかない　　　　　22人（ 8％）
　　　［７］当然の行為である　　　　　　　　　　　　　　　　　10人（ 3％）
　　　［８］その他　　　　　　　　　　　　　　　　　　　　　　 4人（ 1％）

この回答を見れば、「教師が子どもを叩いてはいけない」や「教師が子どもを叩くことは違法である」のように、子どもを叩くことに否定的な考え方を示す教師が3割強いるものの、多くの教師は、子どもを叩くことに教育的効果があると考えていることが分かる。

## 「育てること」と「育つこと」のバランス

これまで考察してきたように、モンゴル文化においては、「お仕置き」としての「体罰」が容認されており、または今日の家庭や教育現場においても、教育上の「お仕置き」としての「体罰」が、依然として行われている。しかし、現時点ではモンゴル文化においては、「体罰問題」や過剰な体罰とでもいうべき「児童虐待」などが、まったくと言ってもよいほど見られないのはなぜだろうか。「モンゴルでは、子どもの人権に対する人々の意識が低い、もしくは、マスメディアが普及していないからである」という意見には一理あるが、それだけではない。筆者は、その要因を以下のように考えている。

第1は、モンゴル民族固有の自然環境や放牧文化から生じた「フゥールヒ・アミタン（kögerükei amitan）」という人間観・子ども観にある。これが最も重要な要素である。既述のように、放牧生活を営むモンゴル人にとって、生き物の中では子どもや子家畜が最も「哀れな、可哀想な、惨めな、同情すべき、そして愛しい・可愛い生き物」ある。このような「哀れな、可哀想な、惨めな生き物」を、厳しい自然界に生き残らせるためには、叩いたりして厳しくしつける必要がある。また、これらの生き物は「同情すべき、そして愛しい・可愛い生き物」でもあるゆえに、限度を越えた肉体的な痛みや苦しみを与えてはいけないのである。換言すれば、モンゴル人には「フゥールヒ・アミタン」という概念があるからこそ、子どもや家畜に対して限度を越えた肉体的痛みや苦しみを与えないのである。

第2に、今日の家庭や学校に用いられている、教育上のお仕置きとしての「アラガン・ボーブ」「トース・グビフ」「エデスをあげる」「アラス・

第10章　モンゴル放牧文化における体罰（お仕置き）

ホーラホ」は、モンゴルの土着文化によって生み出された表現であるがゆえに、人々に違和感を与えることがなく、また、これらの行為は悪い行為の当然の結果であるという認識が受ける側にも行う側にもあるので、子どもの身体は痛くなるが、心は痛くならないからである。また、子どもの悪戯の程度に合わせて使い分けるので、この４つの行為が限度を超えることがないのである。

　第３は、家族全員が役割を分担しながら、子育てに参加していることである。つまり、家族全員が子育てに参加しているからこそ、仮に、父母が子どもに体罰を行っても、父母の行為をエスカレートさせないための監視役である祖父母や叔父叔母などが常に周囲におり、祖父母が子どもの逃げ場にもなっているので、バランスがとれているのである。家族においては、このようなバランスが大切で、これが崩れると過保護、もしくはその反対の子どもへの虐待が起きる。

　子どもの教育においては、「育てること」と「育つこと」の両方がバランスよく働くことが大事であるので、子どもをむやみにほめたり、みだりに罰を加えることを慎むとともに、「善をほめて悪を罰さなければ善は進まず、悪は懲りない」ゆえに、これを求めてほめることと叱ることの絶妙なバランスが必要なのである。

### 注

※1　中国の北方に位置する自治区。
※2　内モンゴルの家庭や学校で行われている子どもを叩く（čokiqu）行為は、日本語の体罰より「お仕置き」に当たることが多い。
※3　大垣昌夫「子どものしつけ―経済学で考える『将来消費』の割引と相関」『日本経済新聞』2010年５月４日。
※4　白川静『字統』平凡社、1984年、687頁。
※5　細谷俊夫・奥田真丈・河野重男・今野喜清〔編〕『新教育学大事典』第５巻、第一法規、1991年、76頁。
※6　調査は2008年９月12日から26日の間に内モンゴルのシリンゴル盟の８つの小学校の５年生411人（回収率100％）、教師180人（回収率86％）、保護者283人（回収率92％）を対象に行った。調査対象校は以下のとおりである。「ミンガト小学校」「サンインダライ小学校」「シリンホト市モンゴル族小学校」「アバガ旗モンゴル族小学校」「西ウジムチン旗第一モンゴル族小学校」「東ウジムチン旗モンゴル族実験小学校」「ソニド・

ジューン旗附属モンゴル族小学校」「ソニド・ジューン旗第二小学校」である。なお、盟（アイムグ）と旗（ホショー）とは、内モンゴル自治区の地方行政単位の一種であり、盟は日本の市に相当し、旗は区に相当する。

※7　リーズ大学で教鞭をとっていた内モンゴル出身のオノン・ウルゲンゲ氏（1919年生まれ）は、「この地方の子どもたちは罰されるときはいつもお尻を叩かれた。どんな親も、けっして子どもの頭を叩くことはしなかった。その訳は、人間だれでもその頭蓋骨の内側に、ちょっぴり神様が宿っていると信じられていたからである。それに比べるとお尻のほうにはなんの遠慮もいらなかった」と回想しているように、モンゴルでは昔から子どもの頭を叩くことは禁じられていた（オノン・ウルゲンゲ『わが少年時代のモンゴル』学生社、1976年、68頁）。

本稿は、博士（教育学）学位請求論文「モンゴル民族の教育についての研究─中国内モンゴル自治区シリンゴル盟を中心に─」の一部を加筆・修正したものである。学位授与は、2011年3月関西学院大学である。

入門 臨床教育学 | 第*11*章

# 担任教師を亡くした子どもたちへの支援
―小学3年生の「喪の仕事」―

Klinische Pedagogiek

## はじめに

 2005年1月21日、K市A小学校3年B組（男子13人、女子7人計20人）の担任C教諭（男性・50代）が自宅で急死した。担任死去の知らせを聞いた子どもたちの多くは号泣し、通夜・葬儀で担任の変わり果てた姿を見て、さらに強い衝撃をうけた。
 子どもたちは、当初はひどく落ち込んでいたが、様々な表情を見せながらも仲間と思いを共有しながら、互いに手を取り合ってC先生の死の衝撃を乗り越えていった。
 筆者は1月27日から、その学級の担任として支援した立場から、子どもたちの「喪の仕事」のプロセスを辿り、その作業を検証する。

## 子どもたちの不安感と喪失感

### 1 不安感
（1）観察
 子どもたちは、大声で騒いだかと思うと急に落ち込むなど、感情の起伏が非常に激しく不安定だった。1月27日の最初の授業では、5人の子ども

が身体の不調を訴えて保健室に行き、その日1日で、延べ15人が保健室で休んだ。このような状態は、1週間ほど続いたが、やがて保健室に行く子どもの数は次第に減っていき、身体の不調を訴える子どもは、3、4人に固定してきた。

(2) 学校生活アンケート[※1]「児童の身体の調子や気持ち」

　図1は、支援開始当日に行った「児童の身体の調子や気持ち」の結果である。

　これによると、子どもたちの主な訴えは、「心の動揺」、「頭痛・腹痛」、「つらい思い出」、「不眠」、「音への怯え」、「悪夢」、「不安感」、「緊張感」などである。子どもたちは、心の準備がないまま担任との死別を体験したこともあって、死への恐怖感と強い不安感を持ったが、その気持ちを言葉で表現できないため、身体の不調として表れたのであろう。

　この時点においては、子どもたちは急性の情緒危機に陥っていたものと思われる。

　子どもたちは、担任死去の知らせを体育館に全校生が集まった中で告げられたが、これを聞いたとき、子どもたちの多くは号泣し、体育館の中は、子どもたちの泣き声でいっぱいだったという。個別に、事前に伝えられる

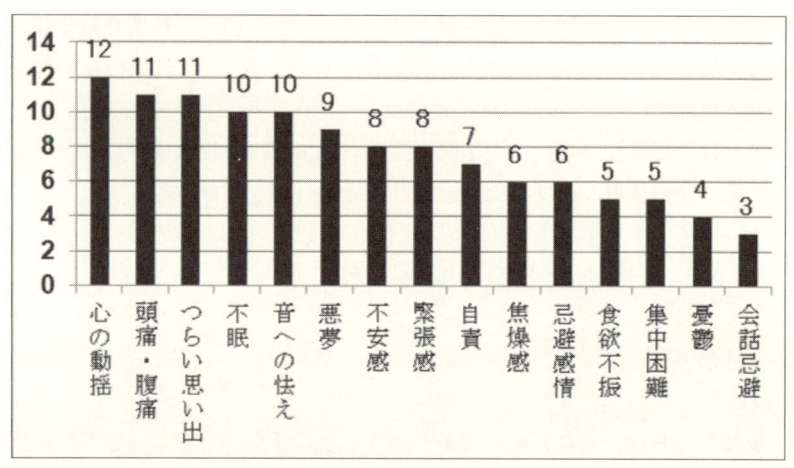

★図1　1月27日の「児童の身体の調子や気持ち」　(単位=人、男子13人、女子7人)

のではなく、いきなり全体の場で告げられたことが、当該の子どもたちにより大きい衝撃を与え、不安を拡大したところがある。また、担任の死去1週間、この学級には、特定の担任が配置されず、手の空いた教師が交代で担当していたために、子どもたちが不安な思いを訴えることができる先生が定まらず、さらに動揺が広がったのである。

アンケートで、7人の子どもたちが「自責」、つまり、C先生の死は自分のせいであると回答した。これは、当時、学年ドッジボール大会に向けての早朝練習の後、C先生の背中にぶら下がったことが原因でC先生が亡くなったのではないかという、うわさが子どもたちの間に広まっていたことが影響している。

(3) 児童の日記・作文に書かれた子どもの心情

担任死去直後の子どもたちの日記や作文には、以下のような文が綴られていた。

- 「前の日元気で、おんぶしてもらったのになくなるなんて」(信じられない)
- 「先生がかわいそう」(人生の半ばで亡くなった担任を哀れむ)
- 「自分やみんなが先生に心配かけたから、先生はなくなった」(自責の念)
- 「これからぼくたちはどうなるのだろう」(先行きの不安)
- 「先生にもう会えないから、さびしい」(さびしさ)

## 2 喪失感

以上のような子どもの不安定な状態は担任という対象喪失に伴うものであるが、より具体的には以下のような事態であったと考えられる。

①愛情・依存の対象の喪失

担任は、子どもにとって、親や近親者とは違った種類の愛情の対象である。子どもが1日の大半を過ごす場は、家庭と学校であるから、担任の存在は大きい。

②集団の要の喪失

　子どもは、教育者が子どもについて描く像に従って、また、教育者が子どもの中におく信頼に応じて、みずからを形づくる[※2]。同様に、望ましい学級集団の形成も、教師の力量によるものであり、集団の形成には、教師が決定的な役割を果たす。つまり、個別の子どもの形成においても、集団の形成においても、教師が要なのである[※3]。

③安定感を得ていた環境の喪失

　担任を失うと、今まで密着し依存していた学級の環境は、雰囲気なども含めて別のものとなり、子どもにとって、学級は、自分を保護してくれ、一体感の得られる環境ではなくなってしまう。また、子どもの学級への適応は、子どもが、その学級に適応するために、必要な役割や生活様式を身につけることによって獲得されているが、担任を失うとこの役割や様式が変化をし、子どもは、心の拠り所を一時的に失う。

## 「喪の仕事」とは

　相手との離別、死などによる愛情・依存の対象の喪失、住み慣れた社会的・人間的環境や役割などからの別れ、自分の誇りや理想、自己の所有物の意味を持つような対象の喪失などを対象喪失という[※4]。フロイトによれば、対象が現実に喪失されているのに、内的な幻想の世界では、依然としてその対象に対する思慕の情が続くことによって生じる苦痛が悲哀で、この失った対象喪失に対する思慕の情を最終的に断念し、対象に対する備給[※5]を解消する過程が悲哀の心理過程であり、この心的な作業が「悲哀の仕事」である[※6]。小此木は、死に別れによって失った対象に対する悲哀の仕事を、とくに「喪の仕事」と呼ぶ[※7]としているので、本章では小此木の「喪の仕事」を使うことにする。

　そこで、「喪の仕事」を次のように定義する。

　「喪の仕事」とは、人間が愛着や依存する対象を失った結果として起こる、内的な世界の変化過程のことであり、この過程を経ることで、その愛

着や依存の対象からの離脱をはかり、再び心の安定を獲得して、日常生活の平静を取り戻す方向へと向かう心の作業である[※8]。

## 「喪の仕事」の実際

### 1　C先生の机の防御

本学級の支援を開始した初日、教室で筆者がC先生の机を使用しようとすると、子どもたちは「それはC先生の机！」と口々に言って、その机の使用を拒否した。子どもたちは、互いに顔を見合わせ、思いを確認し合いながら、まるで一丸となって筆者に向かってくるようだった。

この予期せぬ反応に筆者は戸惑ったが、子どもたちのC先生の机への強い思い、つまりC先生に対する強い思いが、筆者にも強く伝わり、人間として当然の思いであると受け止め、児童用机を使用した。しかし、数日もすると、授業で教具などを使う必要に迫られたため、子どもたちに断りながらC先生の机を使用した。2週間ほど経つと、断らないで使用しても子どもたちは何も言わなくなった。

### 2　花の世話

「子どもたちは、C先生の机上の花に強いこだわりがあった。筆者が子どもたちに出会ったとき、子どもたちは、まずこの花の名前と世話の仕方を詳しく教えてくれた。子どもたちは、休み時間や下校の前には、5〜6人で水替えをし、花粉や粘液を拭き取り、枯れ落ちた花びらを誰かが必ず家に持ち帰った。

この花は、学年末を迎えるまでの2ヶ月余の間に少しずつ枯れていき、最後には1本の茎しか残らなかったが、花に対する子どもたちの態度は、最後まで変わらなかった。

### 3　C先生の机の掃除

子どもたちは、机の上・横、引き出しの中の文房具を雑巾で拭き、その後、机の下に入り込み、数分間机の裏や机の脚までもていねいに拭いた。この

教卓の掃除を担当するのは、1日ひとりだけだったが、誰もが掃除したがっていた。

### 4　C先生のしゃれの回想

　筆者が支援を始めて2週間ほど経ったある日の授業中、誰かがふとC先生がよく口にしていたしゃれを言ったことから、しばらくの間、全員でC先生のしゃれの思い出に浸った。明るく温かいしゃれだった。

### 5　ささげ物作り

　子どもたちは、休み時間などに、友人とC先生の思い出話をしながら、折り紙の花や折りづる、C先生の顔の絵、木で作った墓石などを教卓に飾った。これは、C先生死去の直後から始まり、次第に減ってはいったが、終業式を迎えるまで続いた。

### 6　家族の死の予期と不安

　E子は、E子の母親が小学校に入学する直前に、その母親（E子の祖母）を亡くしたことを筆者に打ち明けた。また、F男も、19歳の兄のバイク事故後の再手術を心配し、「お兄ちゃんが死んでしまうのでは」と、泣きながら兄のことを筆者に打ち明けた。

### 7　D男の心情の吐露

　3月の半ばに書いたD男の作文には、C先生に対する次のような思いが書かれていた。「先生が大好きだった」「先生の死はショックで、つらすぎて、げんかいだった」「先生の死は自分だけでなく、クラスのみんなにとっても大きなひげきだった」。

### 8　表彰状

　体育係は、以前からがんばっている人に、自発的に表彰状を渡していたが、3月に入ると体育係に倣って、他の係も表彰状を渡すようになった。筆者は、最初、この子たちはなぜこんなにもほめ合うのだろう、と不思議

第11章　担任教師を亡くした子どもたちへの支援

に思ったが、次第に、これには単なる表彰状を超えた、子どもたちの強い思いがあるのではないかと思うようになった。

### 9　植樹

校長先生の発案で、終業式の後、学年全員で、C先生がよく子どもたちの遊んでいる様子を見ていた場所にサツキを植樹した。植樹の最中、子どもたちは少ししんみりしていたので心配したが、終わると友人と走って帰宅したので、筆者は安堵した。

## 「喪の仕事」を考える

図2「児童の身体の調子や気持ちの変化」は、1回目のアンケートの結果と、筆者が支援を始めて1ヶ月半後の3月10日に実施した2回目の結果を、回復の大きいものから順に左から表したものである。

この図から子どもたちの変化を見ると、最も大きく減少していたのは、「心の動揺」で、5人減少、次が「頭痛・腹痛」で、4人減少していた。これは、保健室に行く子どもの数が激減したことや、学習に集中できる時間が増え、深い思考を要する学習ができるようになったことからも、うかがうことができる。

「悪夢」、「自責」、「食欲不振」は、2人、「つらい思い出」、「不眠」、「忌避感情」、「憂鬱」「会話忌避」は、1人しか減少しておらず、これらの項目の回復はゆっくりしている。3月10日の時点で、多くの子どもが訴えている項目は、「つらい思い出」、「音への怯え」、「不眠」、「緊張感」、「不安感」などである。これらは、より内面的なその人物それぞれの心の中の営みであり、半年から1年ぐらい続くのが常であると言われている[※9]。

「集中困難」の項目は、2人増え、「不安感」、「緊張感」、「焦燥感」、それに「音への怯え」の項目では、変化が見られないとは言え、それ以外の項目は、すべて減少している。つまり、この図から、子どもたちの心的ストレス反応としての急性の情緒危機が次第におさまり、子どもたちは、一定の適応状態を回復し、心の平静を取り戻しつつあったとみてよい。

165

そこで、子どもたちの内面で何が起こり、どのような過程を経て平静を取り戻して回復に向かったのか、また人との関わりがどのように回復を促進したのかについて、子どもたちの「喪の仕事」のプロセスを辿ることにより検証する。
　ところで、子どもたちの「喪の仕事」は、1回かぎりのもの（「机の防御」「しゃれの回想」「死の予期と不安」「D男の心境の吐露」「植樹」）と、継続して行われたもの（「花の世話」「C先生の机の掃除」「ささげ物作り」「感謝状」）に分けることができるので、検証する際、分けて分析し検証する。

## 1　1回かぎりの「喪の仕事」の分析
### （1）C先生の机の防御
　筆者への机の使用拒否は、この机がC先生の象徴だったからである。つまり、筆者がC先生の領域だけでなく、C先生を集団の要として成り立っている学級集団に割り込むことを子どもたちは拒否したのである。子どもたちは、C先生のもとで1年間を終えることを当然のことと考えていたので、この日常が突然切れてしまった現実を受け入れることができなかったのである。

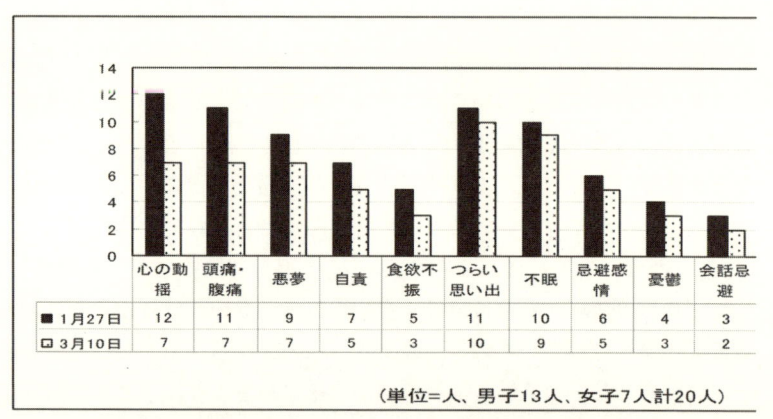

| | 心の動揺 | 頭痛・腹痛 | 悪夢 | 自責 | 食欲不振 | つらい思い出 | 不眠 | 忌避感情 | 憂鬱 | 会話忌避 |
|---|---|---|---|---|---|---|---|---|---|---|
| ■1月27日 | 12 | 11 | 9 | 7 | 5 | 11 | 10 | 6 | 4 | 3 |
| □3月10日 | 7 | 7 | 7 | 5 | 3 | 10 | 9 | 5 | 3 | 2 |

(単位＝人、男子13人、女子7人計20人)

★図2　「児童の身体の調子や気持ちの変化」(回復の大きい順)

また、子どもたちにとって、担任という愛情の対象を失ったことによる喪失感は大きく、また、それまで別世界のことだった、死を身近に感じたことによる衝撃も非常に大きかった。子どもたちは、この衝撃をアグレッシブな怒りの感情として筆者に向けたものと思われるが、これは極めて自然であり正常な反応である[※10]。子どもたちは、こうすることにより、無意識のうちに心にトラウマが残らないようにしたのである[※11]。また同時に、このように激しい感情をぶつけることで、筆者が真に、子どもたちの悲しみと苦しみを受け止め得る人物かどうか試したのである。

（２）C先生のしゃれの回想

ある子が「C先生のしゃれ」を口にしたとき、それを止めるよう制した子どもがいたが、筆者が楽しんでいることが分かると安心して口にしたようだった。子どもがしゃれを制止したのは、亡くなった人のことを口にするのは不謹慎だという思いと、筆者への気兼ねがあったためであろう。筆者が一緒にしゃれを楽しんだことで、これは不謹慎なことではなく、許されることだということを子どもたちは理解した。

２週間前に「机の防御」という形で筆者を拒否した子どもたちが、このように筆者の前で、C先生を偲ぶことをためらう心くばりをしたということは、子どもたちが筆者を受け入れ始めたということである。そして、子

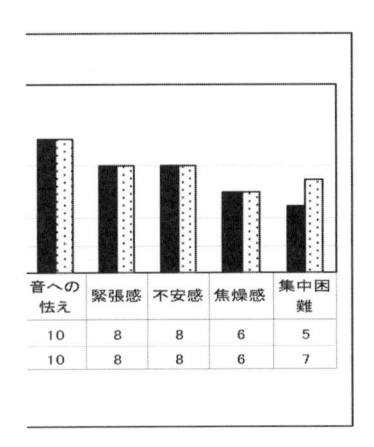

| 音への怯え | 緊張感 | 不安感 | 焦燥感 | 集中困難 |
|---|---|---|---|---|
| 10 | 8 | 8 | 6 | 5 |
| 10 | 8 | 8 | 6 | 7 |

どもたちの「しゃれの回想」を筆者が中止させなかったことは、C先生を慕う気持ちを、筆者が理解し受け止めてくれたと子どもたちは理解したのである。さらに「机の防御」のような筆者への激しい拒否の行動にもかかわらず、筆者が咎めもせず、全面的に受け入れたことは、「この先生は自分たちを受け入れてくれ、少々のことでは見離さないだろう」という、筆者への信頼感を抱かせる結果になった。

　この「C先生のしゃれの回想」は、思い出を心の奥に閉じ込めておくのではなく、思い出したいときにはいつでも思い出しそれを口にしていいこと、そして思い出に浸っている間、C先生は心の中に生きており、別離の苦痛を忘れられることに気づく体験になった。

　また「C先生のしゃれの回想」は、C先生は思い出の中だけの人物で、現実にいる人物ではないこと、つまり、C先生の死という現実を、子どもたちが受け入れ始めたことを示している。この時点において、子どもたちは少しではあるが、回復に向かい始めたのである。

(3) 家族の死の予期と不安

　E子とF男が、筆者に「家族の死の予期と不安」を打ち明けた時期は、筆者が本学級を支援するようになって1ヶ月が経過した頃だったが、これにはある出来事が関係していた。

　この頃、子どもたちが授業に集中できる時間が少しずつ長くなり、保健室に行く子どもの数も減ってきて、筆者が支援を始めた頃の不安定さが信じられないくらい落ち着きを取り戻していた。混乱した中から自分を立て直し、力強く前に進もうとしている子どもたちの姿を目にし、筆者は大人の自分をはるかに超えた、子どもの持つ力のすごさに敬服していた。それで、「みんなここまでよくがんばったね」と子どもたちに話しているとき、つい筆者が涙し、言葉につまり、それをじっと見つめていた子どもたちも涙し、一瞬、教室の時間が止まったように感じたことがあった。

　E子とF男が、家族の死の予期と不安を、相次いで打ち明けたのはこの直後だった。2人は、今まで心の奥にしまっていた不安を、筆者に打ち明けることで、癒しを得、不安を解消したのである。子どもが不安な心の状態を前向きに転換するには、信頼できる大人の支えが必要であるが、筆者

## 第11章　担任教師を亡くした子どもたちへの支援

がはからずも流した涙で、2人は筆者を信頼できる大人と認めたのである。

### （4）D男の心情の吐露

　D男がC先生に対する強い思いを綴ったことを、初め筆者は意外に思った。D男は、C先生の亡くなる前、火遊びの件や他の学級の男児に暴力を振るったことで、夜遅くまで、家庭訪問など、C先生の指導を受けていた。また、学校生活アンケートで、2回とも「C先生の死は自分のせい」と答えた子どもが2人おり、その一人がD男であったが、D男は、筆者との関わりや、正面から向き合ったりすることを避けていたので、筆者は、D男の気持ちをつかみかねていたのである。

　D男をはじめ子どもたちは、2学期に計画されていた七輪を使ってのバーベキューが中止されたことを残念がっていたので、急遽2月末にこれを行った。寒風の中、おにぎりを作り、とうもろこし、ウインナーなどと一緒に七輪に炭火を熾して焼いて食べた。D男は、この学習をとても楽しんでいるようだった。そして、学習の後詳しい作文を書き、それに付け足す形で、C先生への強い思いを綴った。筆者は、この作文により初めて、C先生に寄せるD男の気持ちと、「C先生の死は自分のせい」という自責の念を理解することができた。D男は、E子やF男に比べ、時間がかかったが、やっと心の奥に閉じ込めていたC先生への思いを表現した。これは、D男が待ち望んでいた学習を筆者が補ったことと、筆者の涙により筆者への信頼感を持ち、C先生への思いを語る相手として筆者を受け入れたためである。D男にかぎらず、一般に子どもは身近な人を亡くすと自責の念を持つが、多くの子どもが抱きがちな罪悪感には次の4つがある[※12]。

「その人が死んだのは自分が悪いことをした罰である」
「自分がその人が死ねばいいと思ったから」
「自分がその人を大事にしなかったから」
「自分が代わりに死ねばよかった」

　C先生の葬儀で、D男は号泣したそうだが、居た堪れない気持ちだったのだろう。

（5）植樹

　この植樹は、担任が亡くなった事実を事実として認め、感情を整理し得る象徴的な行為であった。感情の整理は難しい。それには未練を断ち切る何か、つまり、それによって自由に感情を出し、心にめりはりをつけ得る何か象徴的なものが求められる[※13]。この象徴的なものとして、「植樹」という儀式は大きな意味を持っていたのである。

　終了後、子どもたちが走って帰ったことに筆者は安堵したが、同時に子どもたちとの関係が切れることに脱力感も持った。筆者が支援をしたこの2ヶ月余は、子どもたちとの「戦い」とでも言える日々だった。

## 2　継続的な「喪の仕事」の分析

（1）花の世話

　C先生の机の花に子どもたちが強くこだわったのは、C先生の身代わりと受け止めていたからである。つまり、この花は「移行対象」として、子どもたちが対象喪失の苦痛を克服する上で、大きな助けになる精神的対象[※14]であった。さらに、花と人々のいのちの流転の響き合いを素直に捉えられ、生き物のいのちをめぐる運命は、いろいろな縁により開けて新生するという「花のコスモロジー」[※15]と言ってもいいような感性を子どもたちが持っており、子どもたちは、花の変化を見ることにより、死を少しずつ納得し受け容れたのである。そして、休み時間ごとに花の世話をしたのは、子どもたちなりの祈りとみることができる。

（2）C先生の机の掃除

　C先生の教卓の掃除をする数分間は、子どもたちがC先生を慈しみ、体をなで、弔っているような犯し難い雰囲気であった。机の掃除が終わって机の下から出てきた子どもと、それを見ている子どもたちの表情は穏やかで満ち足りていた。それは、お見舞いの言葉も「さよなら」も言えないで別れた、先生と子どもたちなりの対話をしているようであった。筆者は「きれいになったね。C先生喜んでいらっしゃるよ」と声をかけた。

（3）ささげ物作り

　「ささげ物作り」は、たいてい仲のよい友だちとしていた。C先生との

思い出を、共に語ることのできる相手を見つけ、共に回想にふけることで、その苦痛をまぎらわす。失った対象の記憶を聴き、自分の心の中の記憶を語るとき、少なくともそのつかのまの時間、その失われた対象は心の中に再生し存在しているからである[※16]。

また、子どもは悲嘆を具体的な形にした、葬儀、遺影、墓石などに関心を示すことがある[※17]。これは、子どもなりに弔いの儀式を行っているのである。死という事実を知的に受け止めることは、もはやその人が目の前に存在していないので難しくないが、それに伴う感情を整理し乗り越えていくことは難しく、それを可能にするのが儀式であると言われている[※18]。本学級の子どもたちも、ささげ物を作ることで、C先生への感情を整理していたと考えることができる。

(4) 表彰状

3学期終了時までに、どの子も、この表彰状を1枚はもらった。全員のよさを認め、皆の前でほめる活動により、自己価値感や自己肯定感が高まり、クラスがずいぶん明るくなった。これは苦しいときを共に過ごし、困難を乗り越えて前進していることへの安堵感と仲間への感謝、そして思いを共有した者のみがなしうる、集団の団結力に基づく「激励力」[※19]である。

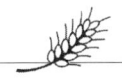

## 人と関わり合いながら「喪の仕事」をした意義

子どもたちの「喪の仕事」を見ると、個人の「内的な世界の変化過程」である「喪の仕事」が、仲間や筆者との関わり合いにより、促進される過程が読み取れる。そこで、人との関わり合いが、どのように「喪の仕事」を促進したのか、そして、「喪の仕事」が、どのようなプロセスを経て再び心の安定を獲得し、日常を取り戻したのか検証する。

### 1　仲間と共に「喪の仕事」をした意義

子どもたちは、C先生の突然の死を共に悲しみ、机とC先生を共に守り、C先生の思い出に共に浸ることで癒しを得、「表彰状」により仲間と激励ならびに感謝をし合い、「植樹」によりC先生への未練を共に断ち切ろう

とした。そして、仲間と共に、「花の世話」、「机の掃除」、「ささげ物作り」をしながら、心の平静を保ったのである。

つまり、子どもたちは、担任と日常を失った悲しみや心の「きず」を、仲間と共有しながら思い出を持ち、一人で沈み込まず、共に生きようと前に向かった。仲間との悲しみの共有、苦しみの共有、不安の共有、憎しみの共有、葛藤の共有、そして、喜びの共有、歓喜の共有、楽しみの共有、愛の共有が、生きる力と勇気を与えてくれたのである[20]。

このように、仲間と共に「喪の仕事」をした意義は、大きかったと思われる。これは、喪失した対象が仲間と共通の対象だったことと、子どもたちの「喪の仕事」の場が学校であり、学校には本来「学びの共同体」としての機能があり、共に前に進もうとする姿勢を子どもたちが持っていたためである。

## 2　支援者としての筆者の役割

子どもたちは、最初C先生の机を防御することにより筆者を拒否したが、C先生の思い出の回想をするようになるとともに、次第にC先生の死を受け入れ始め、同時に支援者としての筆者も受け入れ始め、C先生の死により生じた死の不安を筆者に打ち明けるようになった。

また、C先生の死という残酷な現実を、子どもたちが受け入れる過程と、子どもたちが筆者を受け入れる過程は同じであった。言い換えると、子どもたちがC先生を断念することが、すなわち筆者を受け入れることであり、タナトスではなくエロスへ、つまり「ポジティブな生」[21]へと向かうことであった。支援者としての筆者の役割として、次の2つがあげられる。

①子どもが「喪の仕事」のできる次のような環境を保証し、子どもたちが日常に戻り、前向きに生きていけるよう支援したこと。
　●安定感の得られる場としての環境
　●通常の学校生活が送れる環境
　●学習にひたれる環境
②子どもたちの「喪の仕事」の聞き役に徹し、子どもを裏切らなかったこと。

つまり、教師の不必要な言動によって妨げることなく、子どもの内から湧き起こる言動を、そのまま出せるよう見守ったことである。そして、子どもたちの言動を真摯な態度で受け止め、子どもたちの素晴らしさに素直に共感し、敬意を持ち、さらには驚嘆する姿勢を大切にしたことである。

## 子どもの「喪の仕事」

図3は、「喪の仕事」のプロセスの全体的なイメージを表したものである。これによると、担任を失い、日常が突然失われたことによるアグレッシブないらだちを、筆者に向けることで、トラウマを回避し、その時の筆者の反応により筆者を評価し（「机の防御」）、少し心の安定を取り戻してC先生の思い出に浸り（「しゃれの回想」）、「筆者の涙」により筆者を信頼できる相手と認め、不安な心情を告白し、さらに安定を得（「死の予期と不安」「心情の吐露」）、仲間と共に辛く苦しい経験をしたことをねぎらい合い（「表彰状」）、まだC先生への思いはあるものの、気持ちに一区切りつけた（植樹）プロセスが読み取れる。

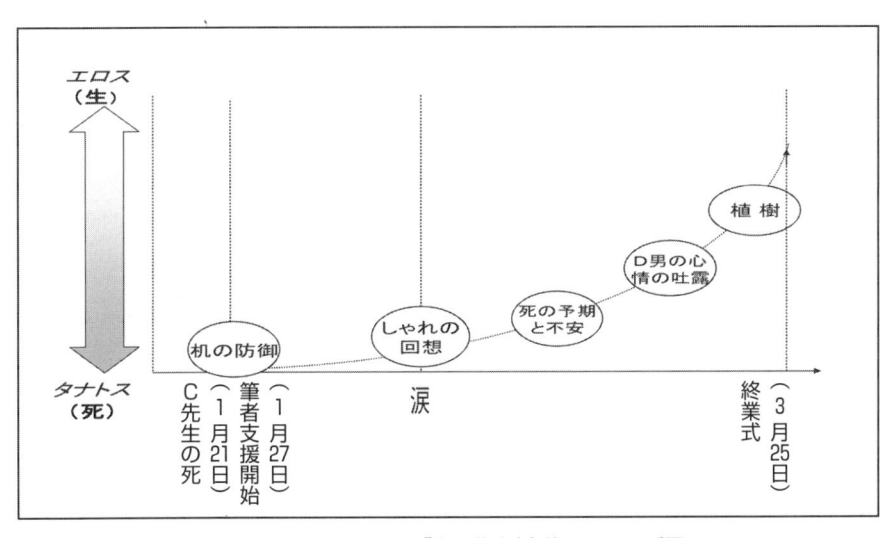

★図3　1回かぎりの「喪の仕事」全体のイメージ図

子どもたちは、そうしてタナトス（死）からエロス（生）へと向かったのであるが、「花の世話」、「C先生の机の掃除」、それに「ささげ物作り」の「継続して行われた『喪の仕事』」はC先生に対する子どもたちの祈りとして、より早く確実に、エロスに向かう役割をしていたと見ることができる。

　本学級の子どもたちを支援しているとき、筆者の脳裏には、常に担任死去の知らせに号泣したという筆者の見ることのなかった子どもたちの情景が浮かんでいた。担任の死を深く悲しむ姿、信頼を寄せていた人の死に直面した子どもたちの不安定な様子、そして「喪の仕事」の一つひとつに子どもたちが見せた神々しさに、人間としての純粋さと気高さを見る思いがして筆者は心を打たれた。

　子どもたちの「喪の仕事」は、まだ終わってはいないが、この体験は、自分たちを大切に思ってくれたC先生の思い出を胸に秘めながら、力強く生きてゆく力を子どもたちに与え、人の悲しみや喜びに共感できる人間へと子どもたちを大きく成長させたことを実感する。

　また、子どもたちが仲間との関わり合いにより、苦しみや悲しみを乗り越え、心の平安を取り戻したこの経験は、仲間を信じ、仲間と共に歩むことの素晴らしさを、子どもたち一人ひとりに深く刻み込んだのである。そして支援者としての筆者との様々な関わり合いは、困難に出会っても支えてくれる大人がいることへの安心感、信頼感を、子どもたちに持たせたと信じたい。「個々人の内的な世界の変化過程」である子どもたちの「喪の仕事」が、仲間や筆者などとの関わり合いにより、促進される様子を目の当たりにし、子どもたちの集団が持つ力の大きさを実感した次第である。

### 注

[※1] 学校生活アンケート：「PTSSC-15　富永・髙橋両氏による子ども改訂版」を参考に作成。神戸市スクールカウンセラーM氏の協力により、1月27日と3月10日に実施。

[※2] O.F.ボルノウ『教育を支えるもの』黎明書房、2006年、115頁。

[※3] 佐々木正昭『生徒指導の根本問題―新しい精神主義に基づく学校共同体の構築』日本図書センター、2004年、172-174頁。

[※4] 小此木啓吾『対象喪失』中公新書、2005年、27-35頁。

※5　経済論的見地に基づく概念で、一定量の心的エネルギーを何かに向けて充当すること。「エネルギー備給」ともいう。情動興奮及びその派生物が、内的表象、外的対象、自己やその身体などに向けられたり撤去されたりすることを、エネルギーの消費と節約という観点から把握するための概念。備給されるエネルギーとは、主として性欲動を源泉とする欲動エネルギーを指すが、一方に自己保存欲動を源泉とする備給エネルギーも指定されている。『精神分析事典』、小此木啓吾編(代表)、岩崎学術出版社、2002年による。
※6　フロイト「悲哀とメランコリー」『フロイト著作集第6巻』2005年、人文書院、137−139頁。
※7　注4に同じ。100頁。
※8　森省二『子どもの対象喪失─その悲しみの世界』創元社、1990年、20頁。
※9　注4に同じ。45頁。
※10　相川充『愛する人の死、そして癒されるまで─妻に先立たれた心理学者の"悲嘆"と"癒し"』大和出版、2004年、64頁。
※11　C.シュトーダッシャー『悲しみを超えて─愛する人の死から立ち直るために』創社、2005年、22頁。
※12　注11に同じ。245、246頁。
※13　注8に同じ。85頁。
※14　D.W.ウィニコット『情緒発達の精神分析論:自我の芽生えと母なるもの』岩崎学術出版社、1977年。
※15　加藤清「花のコスモロジー」斧谷彌守一編『花の命・人の命』人文書院、2006年、157、162頁。
※16　注4に同じ。60頁。
※17　ボブ・ライト『突然の死─そのとき医療スタッフは』医歯薬出版株式会社、2002年、27頁。
※18　注8に同じ。
※19　注3に同じ。172−174頁。
※20　近藤卓『いのちを学ぶ・いのちを教える』大修館書店、2002年、41頁。
※21　新井満「"千の風"5000通に託す思い」『クローズアップ現代』NHK、2007年2月26日放映。

　本稿は、比山園恵「子どもたちの『喪の仕事』」(日本特別活動学会紀要第16号、2008年、「実践ノート」掲載論文)を加筆・修正したものである。

## 入門 臨床教育学 | おわりに

　本書は、兵庫教育大学、関西学院大学文学部ならびに教育学部で、臨床教育学に深く関わってこられた、佐々木正昭教授のもとで学んだ修了生による臨床教育学に関わる論文集である。臨床教育学は、従来の理論中心の教育学と対症療法的な対応になりがちな臨床心理学に対する反省を契機として、両者を統合する形で、課題を抱える子ども、親、教師の支援のあり方を総合的、実際的、学際的に追究する学問として創設された学問である。

　臨床教育学創設の背景には、従来の教育学や臨床心理学のアプローチだけでは、当時、次々に生起する子どもの問題行動や問題状態に対応するのは難しいという危機感があったと思われる。

　このような設立の動機を持つ臨床教育学が誕生してから、すでに25年経つ。この間、日本の子どもの問題や学校で起こる問題は改善されてきたのであろうか。これは、2011年、滋賀県で発生した中学生の「いじめ自殺」問題をはじめとして、様々な問題が次々と生起している学校を見れば、その状況は好転しているとは言えないであろう。

　近年、学校については様々な教育改革が行われ、学校教育が急速に変化してきているが、教育現場は、子どもの問題行動や問題状態を中心に、困難さを増す一方である。これは、見方を変えると、近年の教育改革が十分に機能しておらず、子どもたちは、その不十分さや課題を、問題行動という形で教師や大人に警告していると捉えることもできよう。

　本書は、教職やカウンセリングに携わってきた者が、それぞれの専門を活かしながら、課題を抱える子ども、教員、親に精一杯向き合って支援の努力をした実践と研究の記録である。本書が、現在の子どもや学校におけ

おわりに

　る問題について、それらをどのように捉え、その解決に向けて何を大切にすべきか、また、子どもにどのように向き合い、教師や親をどのように支援するべきか、といった点で、特に現職の先生方や教職を希望している学生諸君の参考になれば幸いである。
　ただ、教育現場では、次々と新しい問題が生起しており、その解決もますます難しくなっている。それらへの対応や解決の仕方については、本書の事例にとどまらず、新たな状況に即した、子ども、教師、親の支援のあり方の追究が必要である。また、現在では、十分体系化されているとはいえない臨床教育学のあり方についても、不断の追究が必要である。
　最後に、教育に関する事件が発生すると、その対応について何かと批判されることが多い学校であるが、日本の多くの教師は、一人ひとりの子どもと誠実に向き合い、子どもたちのために日々奔走していることを強調しておきたい。これは、現在、全国の様々な学校から指導や助言を求められて教育現場の実態をかなりよく知る筆者の偽らざる実感である。
　「子どもを真に善くしようと思うなら、その指導、支援にあたる教師が、まず自信を持ち、そして元気であることが大切である」「教育で最も大切なのは子どもの教師への信頼である」とは、編者の佐々木正昭教授の私たちへの常日頃からの教えである。近年、筆者には、その真意がようやく分かってきたように感じている。本書をお読みいただく皆様にも、また、その真意が伝わることを願っている。

中村　豊（関西学院大学）

★編著者★　佐々木正昭（ささき・まさあき）

　1945年生。京都大学大学院博士課程中退、兵庫教育大学大学院教授を経て、現在、関西学院大学教育学部教授。教育学博士（京都大学）。専門は、臨床教育学、生徒指導、特別活動、教育人間学。
　日本特別活動学会副会長、日本特別活動学会紀要編集常任委員、日本特別活動学会近畿支部長、関西教育学会理事、関西教育学会研究紀要編集委員。
　大学卒業後、公立高等学校の教諭（外国語〔英語〕）として、郡部の学校、新興住宅街の学校、夜間定時制高等学校に勤務する。その間、ホームルーム担任や生徒指導部の校務分掌において、様々な課題を持つ生徒と関わるとともに、大学で所属した学生オーケストラ部での経験を活かして、最初の高等学校で吹奏楽部を創設し、2番目に赴任した高等学校では吹奏楽部の顧問をつとめる。1975年に高等学校の部活動の教え子を中心に、京都市で市民吹奏楽団を創立し、現在まで38年間、同吹奏楽団の主宰者ならびに常任指揮者である。

●主著
〈単著〉『真下飛泉とその時代』日本図書センター、1989年
〈単著〉『生徒指導の根本問題―新しい精神主義に基づく学校共同体の構築―』日本図書センター、2004年
〈共著〉『臨床教育学』（和田修二・皇紀夫編）「第7章　愛と教育―臨床教育学の基底を探る―」担当、アカデミア出版会、1996年
〈単著〉「特別活動の予防的開発的生徒指導としての役割」日本特別活動学会紀要第16号、2008年
〈共著〉「特別活動の育む能力と社会的発達課題」（中村豊と共著）日本特別活動学会紀要第19号、2011年
〈翻訳〉〈独文単訳〉ルドルフ・シュタイナー著『現代の教育はどうあるべきか―現代の精神生活と教育―』人智学出版社、1985年

編著者／執筆者一覧

### 執筆者一覧

【はじめに・第1章】
佐々木正昭（ささき・まさあき）関西学院大学 教授

【第2章・おわりに】
中村　豊（なかむら・ゆたか）関西学院大学 教授

【第3章】
藤本範子（ふじもと・のりこ）京都市教育相談総合センター

【第4章】
山本健治（やまもと・けんじ）関西学院大学 准教授

【第5章】
高田　純（たかだ・じゅん）広島大学 助教

【第6章】
津田直子（つだ・なおこ）関西学院大学 非常勤講師

【第7章】
道前弘志（みちまえ・ひろし）兵庫県揖保郡太子町立石海小学校 教頭

【第8章】
岸本秀章（きしもと・ひであき）奈良県王寺町立王寺中学校 教諭

【第9章】
池原征紀（いけはら・まさのり）兵庫県芦屋市立精道中学校 教諭

【第10章】
ボラグ（ぼらぐ）関西学院大学 非常勤講師

【第11章】
比山園恵（ひやま・そのえ）関西学院大学 非常勤講師

入門 臨床教育学
課題を抱える子ども・親・教師への支援

2013年4月2日　初版発行

編 著 者　佐々木正昭
発 行 者　安部　英行
発 行 所　学事出版株式会社
　　　　　〒101-0021　東京都千代田区外神田2-2-3
　　　　　電話 03-3255-5471
　　　　　http://www.gakuji.co.jp

編集担当　町田春菜
表紙デザイン　右澤康之
制作協力　古川顕一
組版・印刷・製本　電算印刷株式会社

ISBN978-4-7619-1963-4　C3037
©Masaaki Sasaki, 2013, Printed in Japan